Anonymous

Das Leben John Lockes. Abhandl. von dem ordentl. Lehrer Dr.

Hartung

Anonymous

Das Leben John Lockes. Abhandl. von dem ordentl. Lehrer Dr. Hartung

ISBN/EAN: 9783743618244

Hergestellt in Europa, USA, Kanada, Australien, Japan

Cover: Foto ©ninafisch / pixelio.de

Manufactured and distributed by brebook publishing software
(www.brebook.com)

Anonymous

Das Leben John Lockes. Abhandl. von dem ordentl. Lehrer Dr.

Hartung

Programm

der

Realschule zu Wittstock,

durch welches zur

öffentlichen Prüfung der Schüler

Montag, den 14. April 1862,

Vormittags von 8 und Nachmittags von 2¼ Uhr an,

ganz ergebenst einladet

der zeitige Dirigent, Oberlehrer Dr. Schacht.

Wittstock, 1862.
Gedruckt bei Eduard Gerloff.

Das Leben John Locke's.

John Locke, den H. Lewes*) einen der weisesten Engländer nennt, wurde im Jahre 1632, dem 8. nach der Thronbesteigung des unglücklichen Karl I., in Wrington, fünf Meilen von Bristol, geboren. Sein Vater, ein Rechtsgelehrter, hatte eine kleine Besitzung in Pensfold und Belluton; während der Bürgerkriege erlitt er aber so vielfache Verluste, daß er seinem Sohn das Gut noch weit unbedeutender hinterließ, als er es selbst ererbt hatte. Auf die Erziehung seiner drei Söhne verwendete er große Sorgfalt, und John, der älteste unter ihnen, vergalt dem Vater die besondere Fürsorge, welche er ihm widmete, durch die tiefste Hochachtung und hingebendste Zärtlichkeit. In den ersten Lebensjahren bewahrte der Vater seinem Sohne gegenüber eine mehr gemessene, achtunggebietende Haltung, je älter aber dieser wurde, desto mehr ließ er in seiner Strenge nach; ja es entspann sich zwischen Vater und Sohn ein so zärtliches Freundschaftsverhältniß, daß jener, wie Locke selbst erzählt, ihm später offen seine Reue darüber bekundete, daß er ihn einmal unverdienter Weise gezüchtigt habe.

Daher ist es als ein Ausfluß von Locke's innerster Ueberzeugung anzusehen, wenn er sich in einem Briefe an einen Freund so über das Benehmen der Väter gegen ihre Söhne ausspricht:

„Ich habe es oft als ein unüberlegtes und gefährliches Verfahren getadelt, wenn sich Väter, wie ich es bei gar manchem beobachtet habe, gegen ihre Kinder, so lange sie noch klein sind, sehr nachsichtig erweisen; später aber, wenn sie herangewachsen sind, dieselben mit großer Strenge behandeln und immer mehr Zurückhaltung gegen sie beobachten. Ein solches Verfahren, welches ein gutes Einvernehmen zwischen Vater und Sohn nicht aufkommen läßt, muß natürlich böse Folgen nach sich ziehen. Ich glaube, daß die Väter im Allgemeinen besser daran thun würden, wenn sie sich mit ihren Söhnen, je älter diese werden, auf einen desto vertrauteren Fuß setzten, und so frei und freundschaftlich mit ihnen verkehrten, wie es ihnen nur irgend bei ihrem Alter und ihrer Gemüthsbeschaffenheit möglich ist."

Einen Beleg für die ächt kindliche Gesinnung Locke's gegen seinen Vater liefert der folgende Brief, welcher jedenfalls noch vor dem Jahre 1660 geschrieben werden ist:

Mein theurer und stets liebevoller Vater!

Ich zweifle nicht, daß das Gerücht von der gefährlichen Krankheit, welche hier grassirt, zu Dir gedrungen ist; aber weit mehr beunruhigt mich die Nachricht von dem noch gefährlicheren Uebel, welches Dich befallen hat, und wäre ich Deiner Genesung so gewiß, wie ich (Gott sei Dank!) meiner eigenen Gesundheit bin, ich würde an keine Gefahr denken. Aber ich kann nicht

---

*) Henry Lewes: Biographical History of Philosophy. London 1857. S. 426.

ruhig sein, so lange ich höre, daß es mit Dir so schlecht geht, und daß Deine Krankheit im Zu=
nehmen begriffen ist. Möchtest Du sie doch durch rechtzeitige Anwendung von Heilmitteln zu
verscheuchen suchen. Dr. Mearh hat ihrem Umsichgreifen mehr als einmal Einhalt gethan: die=
selbe Geschicklichkeit, dieselben Mittel, derselbe segensreiche Gott sind ja noch immer da. Bei der
Fürsorge, die Du Dir selbst schuldig bist, bei der Zärtlichkeit, die Du gewiß für uns hegst, be=
schwöre ich Dich, laß nicht mit Deinem eigenen unser Wohlbefinden außer Acht; bringe nicht
durch allzuangestrengtes Sorgen für Deine Kinder den einzigen Trost, der ihnen noch gelassen
ist, in Gefahr. Es ist mir unmöglich, gegen die Vorsehung, welche uns bis hieher geführt,
Mißtrauen zu hegen, und sollten uns auch Verluste und Schicksalsschläge in größere Bedräng=
niß herabdrücken, als Du wünschen kannst, so wird die Zufriedenheit das Fehlende ersetzen.
Was ich besitze, kann ich ja nicht besser anwenden, als zum Nutzen dessen, dem ich es zunächst
verdanke; und wenn Du auch Alles zu Deinem Wohlbefinden aufbrauchtest und mir nichts weiter
hinterließest, so bleiben mir doch Kopf und Hand und Lust zur Arbeit, die mich schon nähren
werden. Bitte also, bester Vater, richte Dein Leben so behaglich, wie möglich ein, damit Du es
uns noch recht lange erhaltest; entziehe Dir nichts aus Rücksicht auf uns. Wenn ich irgend
einen Wunsch nach einer unabhängigen und ausreichenden Lebensstellung habe, so denke ich dabei
mehr an eine Andere, (Du erräthst sie wohl!) gegen die ich ernstliche Verpflichtungen eingegangen
bin, als an mich. Doch wird keine auch noch so wichtige Rücksicht mich zu einer Pflichtver=
letzung verleiten; die Liebe zum Vater gilt mehr, als jedes andere verwandtschaftliche Band; und
die größeste Wonne, die ich mir in dieser Welt vorstellen kann, finde ich in meiner Hoffnung,
daß ich Dich noch lange genug haben werde, um Dir einigermaßen den Dank abstatten zu kön=
nen für alle die Liebe und Nachsicht, die Du hast zu Theil werden lassen

Deinem

gehorsamen Sohne

John Locke.

Die Familie Locke hatte einen Beschützer an dem Oberst Popham. Durch diesen erhielt Locke's
Vater beim Ausbruch des Bürgerkriegs eine Stelle als Hauptmann in der Parlamentsarmee, und
auf die Verwendung und Empfehlung ebendesselben wurde der Sohn in das Collegium von West=
minster gebracht und von da später, im Jahre 1651, in das Christchurch=Collegium zu Oxford.

Thyrell, Erzbischof von Armagh, berichtet, daß Locke sich gleich in der ersten Zeit seines
Aufenthalts zu Oxford durch sein Talent und durch seine Kenntnisse vor seinen Studiengenossen aus=
gezeichnet habe. Wenn Locke dagegen von sich selbst das Geständniß ablegt, daß er hier viel Zeit
verloren habe, so mögen wir ihm zwar Glauben schenken, dürfen aber den Grund hiervon weder in
seinem Unvermögen, noch in dem Erkalten seines Eifers für die Wissenschaft suchen, sondern ledig=
lich in dem veralteten Lehrsystem, welches damals in Oxford herrschte. So wird es erklärlich, wie
Locke, obgleich er sich bald eines großen Rufs an der Universität erfreute, (schon in seinem 23 Jahre
hatte er den Grad eines Baccalaureus, und drei Jahre später den eines Magisters erlangt) doch oft sein
Bedauern darüber aussprechen konnte, daß ihn sein Vater überhaupt nach Oxford gesendet hätte.

Was konnte auch die damalige Schulweisheit, welche sich in leeren scholastischen Wortstreitig=
keiten verlor, und die, während die alte Herrlichkeit von Staat und Kirche unter Cromwells mäch=
tigem Scepter dahinsank, nur das Althergebrachte vertheidigte, einem jungen Manne für Aufschlüsse
gewähren, der an feurigem Wahrheitsdrange, an unermüdlichem Forschungsgeiste und philosophischem
Scharfblick bald alle andern übertreffen sollte.

Glücklicher Weise gestatteten ihm seine Vermögensverhältnisse eine so unabhängige Stellung
auf der Universität, daß er nicht nöthig hatte, sich durch alle Irrgänge der damaligen sophistischen
Lehrmethode hindurchzuarbeiten, und daß er Muße und Kraft genug übrig behielt sowohl zu andern
Studien, wie zum Umgang mit Männern, in deren Gesellschaft er Nahrung für seinen strebsamen

Geist und sein offenes Gemüth fand, und deren Unterhaltung, wie wir wissen, ihm auch den Anstoß zur Abfassung seines großen Werkes „über den menschlichen Verstand" gab. Ueberhaupt muß man bekennen, daß Locke sich selbst viel mehr verdankt, als der Universität und seinen Lehrern. Aber wenn er auch selbst einen anerkennenswerthen Beleg für die Möglichkeit des Selbstunterrichts abgiebt, und es zugestanden werden muß, daß das Beste und Schätzbarste im Menschen das ist, was er sich durch freie Thätigkeit und eigenes Nachdenken erwirbt, so ging doch Locke darin zu weit, daß er meinte, Jeder würde sich, wenn er sich ganz selbst überlassen bliebe, am besten bilden. Denn, haben sich auch gerade die größten Genies aus sich selbst und durch sich selbst zu dem gemacht, als was die Mit- und Nachwelt sie anstaunt, so gilt dies doch eben nur von den bevorzugten Geistern; für die mittel= mäßig Begabten (und die Mehrzahl gehört zu diesen) werden Schulen und Universitäten stets ein un= umgängliches Erforderniß sein.

Der Begriff, den Locke von einem wohlunterrichteten Manne in sich trägt, ist höchst charak= teristisch für ihn. Als Antwort auf einen Brief von dem Earl of Paterborough, der ihn gebeten hatte, ihm einen Hauslehrer für seinen Sohn zu empfehlen, sagt er:

„Ich muß gestehen, daß ich etwas anderer Meinung bin, als Euer Lordschaft. Euer Lord= schaft verlangen einen vollkommenen Gelehrten, und ich meine, es ist ziemlich gleichgültig, ob er besonders gelehrt ist oder nicht; wenn er nur gut Latein versteht und eine allgemeine Uebersicht von den Wissenschaften im Kopfe hat, so halte ich dies für genügend; aber ein Mann von guter Erziehung und von gutem Temperament müßte es sein, ein Mann, der, vertraut mit der Welt und den Menschen, es vorzüglich verstände, die Gemüths= und Geistesanlagen Ihres Sohnes zu beobachten, der nichts außer Acht ließe, was dazu beitragen könnte, sein Gemüth zu bilden und ihn für die eifrige Bemühung um Tugend und um Kenntnisse zu gewinnen. Dies sehe ich als die Hauptaufgabe eines Lehrers an, das heißt Leben dem Schüler einflößen, und trägt er erst dies in sich, so ist es ein Leichtes, Lehrer jeder Art für ihn zu finden; denn wenn ein junger Mann erst Lust zum Lernen hat, so treibt ihn die Liebe zum Guten und die Anerkennung, die er findet, weiter; dann wird er mit oder ohne Lehrer gewiß große Fortschritte in Allem machen, wofür sein Sinn geweckt ist.

Hat doch Newton seine Mathematik sogar ganz von selbst gelernt, und ein anderer meiner Freunde Griechisch ohne einen Lehrmeister; trotzdem daß gerade bei der Beschäftigung mit diesen beiden Gegenständen die Hülfe eines Lehres weit nöthiger zu sein scheint, als bei irgend einem anderen." —

Um auf Locke's Universitätsleben zurückzukommen, so erwähnt Le Clerc von ihm, daß er sich seine Jugendfreunde und Gefährten lieber aus der Zahl der Lebhaften und Angenehmen wählte, als aus Denen, die in dem Rufe der Gelehrsamkeit standen. Dabei versäumte er aber nicht, seine Stu= dien mit Energie fortzusetzen. Besonders eifrig beschäftigte er sich zunächst mit der Medicin und den Naturwissenschaften, sodann auch schon damals mit der Philosophie, und zwar hauptsächlich mit Des= cartes, an welchem er die Klarheit und Deutlichkeit der Begriffe zu rühmen pflegte. Wir dürfen auch annehmen, daß Bacon's Geisteswerke seine Aufmerksamkeit fesselten und auf seine philosophischen Studien von Einfluß waren.

Daß Locke während seiner Universitätsjahre, welche gerade in die Zeit der englischen Re= publik und der Herrschaft Cromwells, also in eine Periode fielen, „wo die Umwälzungen in Staat und Kirche helleren Köpfen reichlichen Stoff zum Nachdenken über die Grundlagen menschlicher und göttlicher Ordnungen darbieten mußte," von den Zeitereignissen nicht unberührt blieb, und daß er sich berufen fühlte, thätig in dieselben einzugreifen, davon giebt das erste Werk Zeugniß, welches er im Jahre 1660 schrieb, und welches, wenn es auch nicht gedruckt wurde, doch für die Veröffentlichung bestimmt war. Diese Schrift hatte den Zweck, die Low Church Partei zum Gehorsam gegen die Staatsregierung, in Bezug auf alle für den Gottesdienst nicht wesentlichen Dinge, diese müßten denn von den ausdrücklichen Vorschriften des Wortes Gottes abweichen, zu veranlassen. Die Einleitung in dieselbe ist zugleich ein Beleg für den im Beginn der Restauration unter den verständigen Männern aller Parteien herrschenden Wunsch, die staatlichen und kirchlichen Angelegenheiten zu einem friedlichen Abschluß zu bringen. Schon hier giebt sich in Locke der versöhnliche Geist kund, welcher alle seine Schriften durchweht und der ihn später zur Abfassung seiner Briefe über die Toleranz (the letters of toleration) bewog. In der Einleitung finden sich folgende Worte*):

„Niemand kann eine größere Achtung und Verehrung vor der gesetzlichen Autorität haben, als ich. Kaum öffnete ich in der Welt die Augen, als ich mich in einem Sturme sah, welcher fast bis jetzt gedauert hat, und ich kann daher die Annäherung einer Windstille nicht anders, als mit der größten Freude und Genugthuung begrüßen; und nunmehr nöthigt mich meine Pflicht und mein Dankgefühl, den Versuch zu machen, ob ich nicht einem solchen Segen dadurch die Dauer sichern kann, daß ich die Gemüther der Menschen zum Gehorsam gegen die jetzige Regierung stimme, die ja eine Ruhe mit sich gebracht hat, welche unsere schwindlige Thorheit weit über die Möglichkeit der Erreichung, ja selbst über unsere Hoffnung hinausgerückt hatte; und ich wünschte wohl, die Leute ließen sich überreden, so gütig gegen ihre Religion, ihr Vaterland und sich selbst zu sein, daß sie nicht noch einmal die faßbaren Segnungen des Friedens und der Ruhe in einem zelotischen Wettstreit über Dinge, welche sie selbst als Kleinigkeiten bezeichnen, und die auch meist ganz gleichgültig sind, auf's Spiel setzen." ....

„Ich habe nicht denselben Begriff von der Freiheit, wie gewisse Leute, noch kann ich mir ihre Vortheile darin bestehend denken, daß sich Männer nach Gutdünken zu Kindern Gottes creiren, und davon nun einen Besitztitel und Erbschaftsansprüche auf diese Welt herleiten, noch kann ich das für Freiheit halten, wenn Ehrgeizige sich berechtigt glauben, wohl entworfene Constitutionen zu zertrümmern, um sich aus den Ruinen Glücksgüter zu schaffen." —

Die veränderte Politik der Regierung gegen die Partei der Presbyterianer verhinderte die Veröffentlichung von Locke's Schrift. Die hochkirchliche Partei fühlte sich in dem neuen Parlament stärker, und die Herbeiführung religiösen Friedens durch Vereinbarung und Zugeständniß war nicht mehr nach dem Sinne der herrschenden Faction. Die kirchliche Partei war jetzt entschlossen, die Presbyterianer ihre Macht mit viel größerer Härte empfinden zu lassen, als diese während der Zeit ihres Uebergewichts es jenen gegenüber gethan hatten, und ihr Bestreben war nun, alle Diejenigen auszuschließen, welche von ihnen abwichen, mochte es in wesentlichen oder gleichgültigen Dingen sein, nur auf's Ausschließen, Bestrafen und auf Besitzentziehung kam es an.

Ob Locke in jener Zeit ernstlich daran gedacht hat, sich einem bestimmten Beruf zu widmen, ist ungewiß. Seine Neigung leitete ihn noch immer vorwiegend zum Studium der Medicin, dem er auch sein ganzes Leben hindurch treu blieb, und das Lob, welches ihm Sydenham, der größeste Arzt seiner Zeit, in der Dedication seines Werkes**) zu Theil werden läßt, giebt einen glänzenden Beweis von der hohen Achtung ab, welche unserm Locke seine großen Kenntnisse in dieser Wissenschaft, verbunden mit seinen persönlichen Vorzügen, bei Allen eintrugen, welche ihn kannten. Sydenham sagt darin***): „Nostri praeterea quam huic meae methodo suffragantem habeam, qui eam intimius per omnia perspexerat, utrique nostrum conjunctissimum, dominum Joannem Locke; quo quidem viro, sive ingenio judicioso acri et subacto, sive etiam antiquis, hoc est, optimis moribus, vix superiorem quemquam inter eos, qui nunc sunt homines repertum iri confido, paucissimos certe pares."

Dugald Stewart bemerkt hierzu in seiner vorzüglichen Dissertation: on the progress of Philosophy since the revival of letters in Europe: „Die Erfindung dieser Methode, welche von den

---

*) s. Lord King. Life and Correspondence of Locke I S. 13.
**) Sydenham: Observations on the History and Cure of Acute Diseases. 1676
***) s. L. K. Life of Locke I. S. 16.

competentesten Richtern noch immer für mustergültig gehalten wird, mag zum Theil John Locke zu=
geschrieben werden.

Ueber einen thatsächlichen Beweis von Locke's Tüchtigkeit als praktischer Arzt, den er bald
nach seiner Rückkehr von Cleve an den Lord Ashley ablegte, und der für sein späteres Leben von
großer Bedeutung wurde, werden wir später berichten. Zuvörderst Einiges über seinen Aufenthalt
am Hofe des großen Churfürsten von Brandenburg, wohin er im Jahre 1664 Sir Walter Bane,
den Gesandten Karls I. als Secretair begleitete. Zwei Briefe, welche aus jener Zeit stammen, sind
uns erhalten. Der eine giebt davon Zeugniß, daß Locke mit offenem und scharfem Auge die ver=
schlungenen Verhältnisse eines Hofes eben so geschickt zu entwirren versteht, wie die Aber= und Ner=
vensysteme des menschlichen Körpers; der andere erinnert durch seinen Styl lebhaft an die horazische
Satyre. Einiges aus demselben mag als Beispiel seiner humoristischen Ausdrucksweise hier Platz
finden. Nachdem er seinem Freunde eine höchst lebendige Schilderung von den Weihnachtsschaustel=
lungen in den katholischen Kirchen Cleve's entworfen und die ernstere gottesdienstliche Feier der Re=
formirten erwähnt hat, kommt er auf die Calvinisten zu sprechen, [die er von den englischen Presby=
terianern wenig verschieden findet; und dann fährt er fort:

„Ich traf neulich auf einen jungen Theologen, der eben die Brüste der Wissenschaft zu kosten
anfing, und sich für keinen geringen Kämpen hielt. Wie ein irrender Ritter, der sich eidlich verbun=
den hat, einem Jeden, auf den er stößt, den Fehdehandschuh hinzuwerfen, redete er mich anfangs in
höflichem Tone an; sobald aber die gewöhnlichen Begrüßungsformeln gewechselt waren, fiel er wüthend
über mich her, und in gewichtigen Massen hagelte es Argumente auf mich. Ich, der ich mich dessen
nicht versehen hatte, hätte mich gern mit dem sichern, breiten Schilde der Unwissenheit gedeckt und nur
dann und wann einen Streich behufs einer Frage zurückgegeben und mich gern so nach parthischer
Art auf der Flucht vertheidigt, bis die Leidenschaftlichkeit und der Mangel an Athem ihn abgemüdet
und uns einen Vergleich gestattet hätte. Aber wenn er anders Lunge gehabt und ich keinen bessern
Gebrauch für meine Ohren gewußt hätte, der Kampf (wenn das anders ein Kampf genannt werden
kann, ubi tu cades, ego vapulo tantum,) würde so lange, wie der trojanische Krieg gedauert haben.‟

In gleich ergötzlicher Weise schildert er ein gelegentliches Zusammentreffen mit einem dünkel=
haften Barden, der ihn zwang, ein auf den Namen des großen Churfürsten verfaßtes Acrostichon mit
Höflichkeit zu loben.

Im Februar 1665 kehrte Locke nach England zurück. Ein Anerbieten, den englischen Ge=
sandten nach Spanien zu begleiten, schlug er aus, und nahm in Oxford seine Beschäftigung mit der
Physik, Chemie und Medicin wieder auf. Unter Anderm führte er auch ein genaues Tagebuch über
die Veränderungen der Luft, die er mit den damals neu erfundenen Barometern, Thermometern und
Hygrometern beobachtete. Zwei Jahrzehnte später wurden seine hier gewonnenen Resultate von Boyle
in dessen General History of the air veröffentlicht.

Im Jahre 1666 erbot sich einer von Locke's Freunden in Dublin, ihm Seitens des Herzogs
von Ormond, damals Lord Lieutenant von Irland, eine einträgliche Pfründe zu verschaffen, wenn er
sich geneigt fühle, ein geistliches Amt anzunehmen. Dies Anerbieten wies Locke zurück und bekundete
durch die Art, wie er dies that, eine damals seltene Gewissenhaftigkeit und nachahmungswerthe
Selbstverleugnung.

„Bedenke, ruft er seinem Freunde in dem Antwortschreiben zu, daß man die Richtung seines
Lebens nicht in einem einzigen Augenblick ändern kann, und daß man nicht ein für seinen Beruf
brauchbarer Mensch wird in einem Tage . . . . Für derartige Stellen genügt es nicht, daß man
sich ordiniren läßt, und darf eine solche Bevorzugung nicht an einen Menschen vergeudet werden, der
weder einen Beweis seiner Tüchtigkeit abgegeben, noch sich jemals auf der Kanzel versucht hat Ich
kann mich nicht zu einer Unüberlegtheit verstehen, die nur Schande über Dich bringen würde, nämlich

einen Posten anzunehmen, den ich vielleicht nicht ausfüllen und von dem ich nicht zurücktreten kann, ohne zu sinken."

So öffneten sich vor Locke, wie wir sehen, drei verschiedene Bahnen, auf denen er zu Glück und Ruhm, wenn auch zu einem andern, als dem, welchen er wirklich erwarb, hätte gelangen können, nämlich die eines Arztes von Profession, eines Geistlichen und die eines Diplomaten. Aber das Schicksal wollte nicht, daß der Philosophie eine Kraft entzogen würde, die ganz besonders zur Lösung ihrer Probleme geeignet war, und es verhütete, daß John Locke in eine Lebenslage versetzt wurde, die ihn vielleicht unfähig gemacht haben würde, seine Gedanken ungestört auf die ihm liebsten Ziele zu richten, nämlich auf die Aufdeckung des Irrthums und die Enthüllung der Wahrheit.

Noch in demselben Jahre 1666 gerieth Locke nämlich mit Lord Ashley, dem später so berühmten Earl of Shaftesbury, durch eine Probe seiner Geschicklichkeit als Arzt, die er an ihm ablegte, in eine so vertraute Verbindung, daß er sich durch die Bitten des Lord bestimmen ließ, nach Exeterhouse, dem Wohnsitz desselben, überzusiedeln. Und eine für die Entwickelung seines Wesens günstigere Stellung, als sie ihm hier das Schicksal zuwies, hätte Locke selbst sich nicht erdenken können. Denn von hier, wie von einer Warte aus, war es ihm vergönnt, das Vorüberrollen der Zeitereignisse und zugleich die Charaktere der Männer, welche vorwiegend ihren Gang bestimmten, genau zu beobachten, ohne doch, wenigstens für lange Zeit, in den Strudel der staatlichen Umwälzungen hineingerissen zu werden. Zu einem solchen Umschwung in Locke's Lebensverhältnissen gab ein ihm selbst geringfügig erscheinender Dienst, den er dem Lord erwies, Veranlassung.

Lord Ashley litt damals an einem gefährlichen Blutgeschwür, das er sich durch einen Sturz vom Pferde zugezogen hatte, und kam nach Oxford, um sich einer Mineralwassercur zu unterziehen. Er hatte an den Dr. Thomas geschrieben, bei seiner Ankunft das Wasser für ihn bereit zu halten. Da aber dieser Arzt verreisen mußte, so übertrug er die Ausführung dieses Auftrags an Locke. Ein Zufall verschob die Ankunft des Brunnens um einen Tag, und Locke machte nun dem Lord seine Aufwartung, um sich bei ihm zu entschuldigen. Lord Ashley empfing ihn sehr höflich und ließ nicht nur seine Entschuldigung gelten, sondern fand auch so großen Gefallen an seiner Unterhaltung, daß er die durch einen Zufall begonnene Bekanntschaft zu pflegen beschloß. Dies geschah und bald ging dieselbe in die vertrauteste Freundschaft über, die auch unerschüttert zwischen beiden fortdauerte, bis der Tod sie trennte.

Lord Ashley, mehr bekannt unter dem Namen Graf von Shaftesbury, mit dessen wechselvollen Schicksalen Locke's Leben von nun an auf's innigste verknüpft ist, war, wie Dahlmann*) ihn schildert, allen Andern an Gaben weit voran, in einem kleinen schwächlichen Körper ein feuriger, ungestümer Geist. Seine Neigung war der Freiheit geweiht, aber sie sollte ihn für seine gewandten Dienste mit Macht belohnen. Wenn Freiheit und Macht sich trennten, blieb er der Macht getreu.

Macaulay aber sagt von ihm:**) „Ashley war ein Mann von einem weit stärkern Kopf und einem weit heftigeren Ehrgeiz, (als Buckingham,) aber eben so veränderlich. Doch war Ashley's Wankelmuth die Wirkung nicht von Leichtsinn, sondern von überlegter Selbstsucht. Er hatte eine Reihenfolge von Regierungen bedient und verrathen. Aber er hatte für alle seine Verräthereien die Zeit so gut abgepaßt, daß durch alle Revolutionen sein Glück in stetem Zunehmen war. Die Menge, von Bewunderung über ein Glück betroffen, welches, während sonst Alles in fortwährendem Wechsel war, unverrückbar blieb, schrieb ihm eine fast wunderbare Voraussicht zu, und verglich ihn mit dem hebräischen Staatsmann, von dem geschrieben steht, daß sein Rath galt, als ob man das Orakel Got-

---

*) Dahlmann, Geschichte der englischen Revolution S. 307.

**) Macaulay, History of England. I. c. 2.

tes befragt hätte." Und an einer andern Stelle*) bezeichnet er ihn als „den berühmtesten Staatsmann, der in den Tagen Karls II. zu einer Zeit der gewissenloseste der Minister, zu einer andern der
gewissenloseste der Demagogen gewesen war."

Wie war es möglich, müssen wir uns fragen, daß Locke, ein Mann von so geradem Wesen
und so hoher Reinheit der Gesinnung in einen so innigen geistigen Verkehr mit diesem Lord treten
und sich so dauernd von ihm fesseln lassen konnte, der doch das gerade Gegentheil von ihm zu sein
schien? Und wie konnte er bei einem so vertrauten Umgang sich fleckenlos und von so manchem
Makeln vorwurfsfrei erhalten, die auf Shaftesbury's Andenken haften?

Eine Erklärung für das Erstere bieten die vielerlei glänzenden Seiten Shaftesbury's, die sich
doch nicht wegleugnen lassen: sein Muth, seine Freimüthigkeit, sein Parteieifer, seine Beredsamkeit,
seine aufrichtige Ergebenheit gegen seine nächsten Freunde, Eigenschaften, durch die sich wohl Locke
fangen ließ, und die ihn vielleicht auch so weit parteiisch stimmten, daß sie ihn gegen die Leichtfertigkeit blind machten, mit welcher sein Freund bald monarchische, bald willkürliche, bald republicanische
Grundsätze verfocht, wie es gerade seinem Ehrgeiz zusagte.

Was den zweiten Punkt betrifft, so erklärt Fox mit Bestimmtheit, daß Locke jedenfalls an
den zwei Hauptsünden Shaftesbury's, nämlich seiner Stimmabgabe in den Trials of the Regicides
und an der Verfolgung der Katholiken zur Zeit des Popish Plot, (beides soll Shaftesbury nämlich
nur vorgenommen haben, um der Partei, der er angehörte, zu huldigen,) keinen Theil hat; denn
während jener Vorgänge befand sich Locke zur Herstellung seiner Gesundheit auf dem Continent.

Daß andererseits Shaftesbury nie von der Zuneigung zu Locke abließ, erklärt zum Theil
schon der Umstand, daß er ihn als seinen Lebensretter betrachtete; denn auf Locke's Rath hatte sich
Lord Ashley einer Operation unterzogen, die sein schmerzhaftes Uebel beseitigte, ein Uebel, das ohne
jene bald seinem Leben ein Ende gemacht haben würde. Sodann kamen dem Lord häufig Locke's aus-
gebreitete Kenntnisse zu statten; endlich liebte er es, in seinem ruhigen und vorsichtigen Freunde stets
einen Warner und Beurtheiler seiner Thaten und Absichten zur Seite zu haben. Jedenfalls gereicht
die ungetrübte, standhafte Zuneigung, mit der die Freunde in allen Lagen des Lebens aneinander fest-
hielten, beiden zur Ehre.

Nachdem, wie schon bemerkt, Locke seinen hohen Freund nach London begleitet hatte, konnte
es nicht fehlen, daß auch andere Männer, darunter die hervorragendsten Persönlichkeiten der Zeit,
wie Villiers, Herzog von Buckingham und Lord Halifax an seiner Unterhaltung Gefallen fanden, die
der Ausdruck eines glücklichen Vereins von Witz und Verstand war.

Villiers, Herzog von Buckingham, mit Ashley im Jahre 1671 Mitglied des Cabal-Mini-
steriums, war**) ein übersättigter Lebemann, der sich dem Ehrgeiz nur zum Zeitvertreib in die Arme
warf. Wie er sich mit Baukunst und Musik und dem Suchen nach dem Stein der Weisen zu amusiren versucht hatte, so versuchte er es auch wohl, sich mit einer geheimen Unterhandlung und einem
holländischen Kriege zu amusiren. Mehr aus Leichtsinn und Liebe zur Abwechselung, als aus irgend
einer tieferen Absicht war er treulos gegen jede Partei. Bald hatte er sich den Cavalieren beigesellt,
dann wurden wieder Verhaftsbefehle gegen ihn ausgegeben, weil er einen verrätherischen Verkehr mit
dem Reste der republikanischen Partei in der City unterhielt. Jetzt war er wieder Hofmann und
eifrig bemüht, die Gunst des Königs durch Dienste zu gewinnen, vor denen die Berühmtesten derer,
die für das königliche Haus gefochten und geduldet hatten, mit Schauder zurückgebebt waren.

Halifax***) war der erste an Genie unter den Staatsmännern jener Zeit. Sein Geist war

---

*) X. c. 21.
**) nach Macaulay Hist. of Egl. l. c. 2.
***) Macaulay. Hist. of Egl l. c. 2.

fruchtbar, klar und umfassend. Seine geglättete, lichtvolle und lebendige Beredtsamkeit, getragen von dem Silbertone seiner Stimme, war das Entzücken des Hauses der Lords. Seine Unterhaltung strömte von Gedanken, Phantasie und Witz über. Seine politischen Aufsätze verdienen wohl um ihres wissenschaftlichen Inhalts willen studirt zu werden und berechtigen ihn vollkommen zu einem Platz unter den englischen Classikern. Mit dem aus so großen und so vielartigen Talenten erwachsenden Gewicht vereinigte er all den Einfluß, der den Rang und großen Besitz begleitet. Gleichwohl war er weniger glücklich im politischen Leben, als Viele, welche sich geringerer Vortheile freuten. In der That, seine geistigen Eigenthümlichkeiten, welche seine Schriften werthvoll machen, hinderten ihn häufig in den Kämpfen des practischen Lebens. Denn er sah die vorkommenden Ereignisse immer, nicht aus dem Gesichtspunkte, aus welchem sie sich gewöhnlich Jemandem darstellen, der eine Rolle in ihnen spielt, sondern aus dem Gesichtspunkte an, aus welchem sie sich nach dem Verlauf vieler Jahre dem philosophischen Schriftsteller darstellen. Bei solcher Geistesrichtung konnte er nicht lange fortfahren, mit irgend einer Vereinigung von Menschen zusammenzuwirken. Alle Vorurtheile, alle Uebertreibungen der beiden großen Parteien im Staate erregten seinen Hohn. Er verachtete die niederen Kunstgriffe und das unvernünftige Geschrei der Demagogen. Er verachtete noch mehr die Torylehren von dem göttlichen Rechte und dem leidenden Gehorsam; er spottete parteilos über die Bigotterie des Hochkirchmannes und über die Bigotterie des Puritaners. Seinem Temperament nach war er, was man in unsern Tagen conservativ nennt. Seiner Theorie nach war er republikanisch. Selbst wenn ihn seine Furcht vor Anarchie und seine Verachtung der Verblendung der Volksmasse bestimmten, eine Zeit lang auf die Seite der Vertheidiger willkürlicher Gewalt zu treten, hielt doch sein Geist immer zu Locke und Milton. In der Religion war er so entfernt davon, ein Eiferer zu sein, daß er von den Lieblosen Atheist genannt wurde; doch diese Beschuldigung wies er heftig zurück, und scheint in Wahrheit, wenn er auch zuweilen durch die Art, in der er seine seltenen Gaben sowohl der Erörterung, als des Witzes auf ernste Gegenstände anwendete, Aergerniß gab, keineswegs unempfänglich für religiöse Eindrücke gewesen zu sein.

So hochgestellten und einflußreichen Persönlichkeiten gegenüber würde gar Mancher eine unterwürfige Haltung beobachtet, die Selbstständigkeit seines Urtheils preisgegeben haben oder vielleicht ganz in Augendienerei verfallen sein; wie weit aber Locke entfernt war, sich in den ausgesuchten Kreisen seines hohen Beschützers auch nur gedrückt zu fühlen, wie er sich vielmehr in ihnen stets „mit all*) der Ungezwungenheit bewegte, welche die Folge einer guten Erziehung und des Bewußtseins eigenen Werthes zu sein pflegt," das mag die folgende Anecdote veranschaulichen, welche uns Le Clerc aufbewahrt hat.

Als einmal drei oder vier dieser vornehmen Herren beim Lord Ashley zusammengekommen waren und sich ohne Weiteres an den Kartentisch gesetzt hatten, nahm Locke sein Taschenbuch heraus und fing, indem er seine Blicke wiederholt auf die Gesellschaft richtete, anscheinend mit großer Aufmerksamkeit zu schreiben an. Endlich fiel einem der Spieler diese Art, sich zu unterhalten, auf, und er fragte ihn, was er schreibe. Hierauf erwiderte Locke, er wäre außerordentlich begierig, den der Unterhaltung ihrer Lordschaften zu profitiren, und glaube, nachdem er ungeduldig auf eine Gelegenheit gewartet habe, die Gesellschaft von einigen der größten Geister dieses Zeitalters zu genießen, er könne nichts Besseres thun, als wörtlich niederschreiben, was sie sprächen; und nun begann er die Anmerkungen vorzutragen, die er aufgezeichnet hatte. Natürlich brauchte er nicht lange damit fortzufahren; der Scherz wirkte, man warf die Karten bei Seite und verbrachte den Abend in einer vernünftigeren und angenehmeren Weise.

In der That läßt sich annehmen, daß Locke's empfängliches Gemüth aus den Gesprächen mit den begabtesten Geistern seiner Zeit nicht nur überhaupt vielfache Anregungen empfing, sondern,

---

*) Schärer: John Locke.

daß seine Gedanken auch durch den freien und ungezwungenen Verkehr mit diesen Männern der Praxis von dem ausschließlich theoretischen Forschen ab und auf jene für unsere Philosophen so charakteristische Richtung auf das Leben hingelenkt wurden, in Folge deren er seine Grundsätze nicht blos in abstracter Fassung als Theoreme hinstellte, sondern auch sogleich in den wichtigsten Fragen der Religion und der Politik zur Anwendung brachte. So wurde es Locke möglich, die höchste Anforderung, welche man an die Philosophie stellt, „daß sie nämlich die gedankenmäßige Zusammenfassung der gesammten Zeit= bestrebungen und als solche gleichsam das Gewissen und das Bewußtsein der Zeit sein soll", durch die seinige zu erfüllen.

Und um wie wichtige Ereignisse, um wie tiefgreifende Fragen mußte sich nicht damals in dem Hause eines Ashley die Unterhaltung drehen! Fast alle jene Männer waren noch Zeugen von der Hinrichtung des Königs Carl gewesen. (Als diese erschütternde Nachricht an Locke's Ohr schlug, stand er in seinem 17. Lebensjahre.) Noch waren die Erinnerungen an die Schreckensscenen des Bürgerkriegs, des Kriegs mit Spanien nicht verwischt; noch wüthete der Krieg mit den Niederlanden, als London von zwei Unglücksfällen heimgesucht wurde, wie sie innerhalb eines so kurzen Zeitraumes kaum irgend eine Stadt betroffen haben. Eine Seuche, die an Entsetzen Alles übertraf, was die Insel seit drei Jahrhunderten erfahren hatte, riß in sechs Monaten über zehntausend Menschen in's Grab, und eine Feuersbrunst, wie sie seit dem Brande Roms unter Nero niemals in Europa ge= sehen worden war, legte die Hauptstadt vom Tower bis zum Temple in Asche.

Und wie viel Stoff zu belehrendem Meinungsaustausch, zum Forschen und Prüfen boten nicht die politischen, religiösen und sittlichen Veränderungen, welche England während des Zeitraums von kaum einem Menschenalter hin und her warfen! Im Laufe weniger Jahre hatte England*) die erbliche Monarchie abgeschafft und wieder hergestellt gesehen. Es hatte das Lange Parlament dreimal zu oberst im Staate und dreimal unter den Verwünschungen und dem Gelächter von Millionen sich auflösen sehen. Es hatte gesehen, wie große Massen von Eigenthum gewaltsam von den Cavalieren auf die Rundköpfe und von den Rundköpfen zurück auf die Cavaliere übertragen wurden. Nicht min= der gewaltsame Umwälzungen hatte die kirchliche Verfassung erfahren. Die bischöfliche Kirche hatte die Puritaner verfolgt, diese wieder die Episcopalen, und als die letzteren endlich zum Siege gelangten, übten sie von Neuem eine unedle Rache an ihren Gegnern.

Auch in den Sitten und Gewohnheiten trat ein bedeutender Wechsel ein.

Die Leidenschaften und Neigungen, welche unter der Herrschaft der Puritaner streng zurück= gedrängt worden waren, brachen, sobald der Zügel entfernt war, mit unlenksamer Gewalt hervor. Die Menschen eilten zu frivolen Ergötzungen und verbrecherischen Vergnügungen mit der Gier, welche lange und aufgezwungene Enthaltung naturgemäß erzeugt. Die Nation, voll Ekels gegen die Secti= rersprache, gegen alle Ansprüche auf Heiligkeit argwöhnisch, und noch immer die Nachwehen der neuer= lichen Tyrannei von Gebietern empfindend, welche streng waren im Leben und mächtig im Gebet, sah eine Zeit lang mit Wohlgefallen auf die sanfteren und heiteren Laster. Das Lob der freien Bildung und des lebendigen Wesens konnte jetzt nicht wohl anders erlangt werden, als durch eine Verletzung des Decorums. Große und vielartige Talente trugen dazu bei, die Ansteckung zu verbreiten. Die Lehre eines Thomas Hobbes, der behauptete, daß der Wille eines Fürsten das Richtmaaß von Recht und Unrecht sei, und daß jeder Unterthan bereit sein müsse, auf königlichen Befehl sich zum Pabst= thum, Mohamedanismus oder Heidenthum zu bekennen, wurde eifrig von Tausenden umfaßt und lockerte, indem sie das königliche Amt erhöhte, zugleich die sittlichen Verpflichtungen, denn sie ernie= drigte die Religion zu einer bloßen Staatsangelegenheit.

---

*) Macaulay, History of England. I. c. 2. S. 175—179.

Aber der verderbteste Theil der verderbten Gesellschaft waren die Politiker jener Zeit, da sie nicht bloß denselben schädlichen Einflüssen ausgesetzt waren, welche die Nation im Allgemeinen berührten, sondern auch unter dem beständigen Wechsel von Sieg und Niederlage der Parteien mit jedem Umschlag ihre Farbe wechselten. So verloren sie endlich jeden Glauben an irgend eine Lehre, jeden Eifer für irgend eine Sache.

Trotzdem Locke mit dieser Klasse von Staatsmännern, deren Character ein treues Abbild der entblößten Veränderungen und Entzweiungen im staatlichen, kirchlichen und sittlichen Leben war, täglich verkehrte, wurden seine Grundsätze doch keineswegs gebeugt und erschüttert, sondern vielmehr nur geläutert und geklärt. Gerade im Widerstreit mit jener alle sittlichen Grundlagen des Staates und der Kirche auflockernden Leichtfertigkeit seiner Umgebung scheint seine markige Tugend nur um so festere Wurzeln geschlagen zu haben, und siegreich behauptete sie sich gegen alle Verlockungen der Zeit und gegen alle Versuchungen der Tonangeber.

Während diese sich gewöhnten, die Politik wie ein aufregendes Spiel zu treiben, aus Zufall und Kunst zusammengewebt, worin ein glücklicher Spieler ein Landgut oder vielleicht eine Adelskrone gewinnen konnte, galt sie ihm als eine Wissenschaft, deren Gegenstand das Glück der Menschheit ist. Ferne von jenem Ehrgeiz, der nur in dem eitlen Wiederhall von dem Namen seines Besitzers Befriedigung sucht, kannte er nur den, welcher von einem erhabenen und philanthropischen Gefühl getragen ist. Mit ruhiger Klarheit von seiner sichern Warte in den Strudel der Revolutionen und Gegenrevolutionen hineinschauend und leidenschaftslos mit dem ungetrübten Auge eines Weltweisen auf das Gewühl der sich rachgierig befehdenden kirchlichen und politischen Parteien hinabblickend, sammelte er den Schatz von Beobachtungen, welche seine Werke so werthvoll und*) „zum Arsenal jener Waffen machten, mit welchen auf dem Continent eine neu hereinbrechende Zeit ihre siegreichen Kämpfe führte."

Insbesondere gab, wie schon oben angedeutet wurde, eine gelegentliche Zusammenkunft einiger Freunde unsers Philosophen auf seinem Zimmer zu Oxford diesem den Anstoß zum ersten Entwurf seines Essay on Human Understanding. Diese Freunde hatten eine Streitfrage unter sich angeregt, verwickelten sich aber bei dem näheren Eingehen auf dieselbe in Schwierigkeiten. Während Locke dies mit anhörte und sah, wie sie endlich in der Erörterung ganz stecken blieben, stieg der Gedanke in ihm auf, daß man vor Allem untersuchen müsse, welche Gegenstände denn überhaupt unserm menschlichen Denken zugänglich wären. Gleich darauf schrieb er seine ersten flüchtigen Gedanken hierüber nieder, die denn für sein vielbewundertes Werk den Ausgangspunkt bildeten, zu dessen vollständiger Ausarbeitung er sich aber noch 18 Jahre Zeit nahm. Die Grundüberzeugung Locke's, daß alle Erkenntniß des Menschen lediglich auf Erfahrung beruhe, leuchtet bereits deutlich aus dem Entwurf**) hervor. Und so gewann denn für Locke diese gelegentliche Unterhaltung dieselbe Bedeutung, welche für Newton ein vom Baume fallender Apfel gehabt hatte, Angesichts dessen diesen der Gedanke durchblitzte, daß in den kreisenden Himmelsbahnen dieselbe Kraft wirke, durch welche ein fallender Körper zur Erde gezogen werde. Leider wurde Locke auf der Höhe des Mannesalters von einem körperlichen Leiden ergriffen, das seine Kraft zeitweise lähmte. Noch in eben dem Jahre 1671, in welchem er den „Versuch" begann, fing er nämlich an, die ersten Symptome eines asthmatischen Uebels zu verspüren, von dem er während der letzten 30 Jahre seines Lebens fast unaufhörlich gequält wurde. Aus einem Brief an den Dr. Mappletoft geht hervor, daß er damit umging, auf einige Zeit nach dem südlichen Frankreich überzusiedeln; es ist jedoch ungewiß, ob er vor 1675 zur Herstellung seiner Gesundheit wirklich nach

---

*) Schärer.

**) Denselben hat Lord King in seinem Life of Locke I. S. 10 aus dessen Common-Place Book abgedruckt. Er ist überschrieben: Sic cogitavit de intellectu humano Johannes Locke 1671.

— 13 —

Frankreich ging. Le Clerc erzählt, daß Locke im Jahre 1668 den Earl von Northumberland nach Frankreich und Italien habe begleiten sollen, daß aber der Earl, bevor sie noch den Fuß nach Italien setzten, auf der Reise gestorben und Locke nunmehr mit der verwittweten Gräfin nach England zurück-gekehrt sei. Von demselben Schriftsteller wissen wir, daß Locke während seines Aufenthalts im Hause Ashley's die Erziehung erst von dessen Sohn und später die seines Enkels überwachte. Der Letztere, im Jahre 1670 geboren, ist derselbe, welcher durch seine 1711 herausgegebenen Characteristics of men, manners, opinions, times, sowie durch seine letters written by a nobleman to a young man at the university so hohe Berühmtheit erlangt hat.

In eben jene Zeit seines Aufenthalts bei Ashley fällt auch Locke's Berufung zur Mitglied-schaft an der Königlichen Societät*). Diese von Männern, wie Wilkins, Boyle, Wallis, Seth und Andern im Jahre 1645 unter dem Namen „the invisible College" im Gresham College gestiftete und seit 1660 zu einer förmlichen Akademie erweiterte Gesellschaft nahm durch die rastlos vordringende Forscher- und Entdeckungslust (in einem Zeitalter, das in seiner Dichtung so matt und träge und in seinen politischen und sittlichen Zuständen so verwildert ist) eine für die Geschichte der Naturwissen-schaften im höchsten Sinne des Worts epochemachende Stellung ein.

Der Verkehr mit den Mitgliedern dieser Gesellschaft konnte auf den ohnedies zur stillen Be-obachtung und zum Belauschen der Geheimnisse der Natur geneigten Geist Locke's nicht ohne Einfluß bleiben, zumal in einer Zeit, wo alle Klassen von einer wahrhaft schwindelnden Begeisterung für die Naturforschung und von einer förmlichen Sucht zu experimentiren erfaßt waren.

In treffenden Zügen schildert Macaulay**) diese Zeit des plötzlichen Aufschwungs der Natur-wissenschaften so: „Die Zeit der politischen Träume war jetzt vorüber, und wenn irgend ein stand-hafter Republikaner noch fortfuhr, sich damit zu ergötzen, so bestimmte ihn doch gewöhnlich die Furcht vor der öffentlichen Verspottung und gerichtlichen Bestrafung, seine Phantasie geheim zu halten. Da-her wurde jetzt in wenigen Monaten die Experimentalwissenschaft allgemein Mode Der Kreislauf des Blutes, das Wägen der Luft, das Fixiren des Quecksilbers traten an die Stelle der politischen Streitigkeiten; Träume von Flügeln, mit welchen man vom Tower zur Abtei fliegen sollte, und von doppelkieligen Schiffen, die selbst im gewaltigsten Sturm nicht scheitern könnten, folgten auf die Träume der vollkommensten Staatsformen. Alle Klassen wurden von der herrschenden Stimmung fortgerissen. Es gehörte durchaus zum Berufe eines feinen Gentleman, daß er etwas über Telescop und Luft-pumpe zu sagen wisse, selbst Damen fuhren in sechsspännigen Kutschen nach Gresham zur Besichti-gung der dortigen Merkwürdigkeiten und waren außer sich vor Entzücken, wenn sie sahen, daß ein Magnet wirklich eine Nadel anzog und daß im Mikroscop eine Fliege so groß wie ein Sperling sei. Der Geist des Franz Bacon, ruft er aus, ging umher, ein bewunderungswürdig aus Kühn-heit und Nüchternheit gemischter Geist. Es entstand eine starke Ueberzeugung, daß die ganze Welt voller Geheimnisse von hoher Bedeutung für das Glück der Menschen, und daß dem Menschen von seinem Schöpfer der Schlüssel vertraut sei, der ihm, bei rechtem Gebrauch, den Zutritt dazu ver-schaffen werde. Es entstand aber gleichzeitig die Ueberzeugung, daß es in den Naturwissenschaften unmöglich sei, zur Kenntniß allgemeiner Gesetze anders zu gelangen, als durch sorgfältige Beobachtung einzelner Thatsachen."

Tief von diesen großen Wahrheiten durchdrungen, wendeten sich die Bekenner der neuen Phi-losophie, zu deren Pflegern und Förderern vor Allen Locke gehörte, zu ihrer Aufgabe, und bevor ein Vierteljahrhundert vergangen war, hatten sie ein großes Handgeld auf das gegeben, was seitdem ge-leistet ward.

*) S. Hettner Lit. Gesch. I. S. 14; Sprat's Gesch. der Königl. Societät.
**) Hist. of Egl. c. 3.

Mit seinem großen Zeitgenossen Newton, der nur 10 Jahre jünger ist, als er, und die Hauptzierde der Königlichen Societät wurde, trat Locke, was wir gleich hier vorweg nehmen wollen, etwa um's Jahr 1689 in die engste persönliche Verbindung, und der lange zwischen ihnen fortgesetzte Briefwechsel giebt von der großen Liebe und Hochachtung, welche sie für einander hegten, Zeugniß. Einige dieser Briefe enthalten übrigens die schätzbare Mittheilung von Newton's Demoustration of Keplers observation*) in einer von der in der Principia gegebenen Darstellung verschiedenen Construction. Zu einem andern ganz besonders anziehenden Theil derselben wird ein zwischen den Frauen den vorgefallenes Mißverständniß ausgeglichen; Mr. Dugald Stewart bemerkt über Newton's Briefe: „sie verrathen eine fast kindliche Einfachheit, wie sie nur dem Genie eigen ist;" und in Bezug auf Locke's Antwort: „sie ist mit der Hochherzigkeit eines Philosophen und mit der gutmüthigen Nachsicht eines Weltmannes geschrieben; sie athmet durchweg eine eben so zärtliche und unverstellte Verehrung für die eben so guten, als großen Eigenschaften der ausgezeichneten Persönlichkeit, an welche sie gerichtet ist, wie sie die selbstbewußte Unschuld des Schreibers und die Erhabenheit seines Herzens über die Erregung kleinlicher Leidenschaftlichkeit bekundet. Ich habe, setzt er hinzu, nichts aus Locke's Feder gelesen, was seinem Temperament und seinem Charakter mehr zur Ehre gereichte."

Wenige Worte, die wir aus dem Schreiben Locke's anführen wollen, werden hinreichen, Stewart's Urtheil zu bestätigen. „Ich bin von dem ersten Augenblick unserer Bekanntschaft an so ganz und aufrichtig Ihr Freund gewesen, und habe Sie so sehr für den meinigen gehalten, daß ich das, was Sie mir von sich sagen, nicht geglaubt haben würde, hätte es mir ein Anderer mitgetheilt . . . Nach dem, was Sie mir in Ihrem letzten Brief ausdrücken, halte ich es nicht für nöthig, irgend etwas zu meiner Rechtfertigung zu sagen . . . . Statt dessen erlauben Sie mir, Sie zu versichern, daß ich mehr bereit bin, Ihnen zu vergeben, als Sie es zu wünschen scheinen. Und ich thue es so frei und vollkommen, daß ich mich nach nichts weiter sehne, als nach einer Gelegenheit, Sie davon zu überzeugen, daß ich Sie wahrhaft schätze und liebe, und daß ich noch dieselbe Zuneigung zu Ihnen im Herzen trage, als ob nichts geschehen wäre" Das gute Einvernehmen zwischen den beiden Freunden wurde auch so vollständig wieder hergestellt, daß sie sich nicht nur, wie zuvor, den genauesten Bericht über ihre Beobachtungen und Entdeckungen auf dem Gebiete der Natur gegenseitig mittheilten, sondern daß Newton seinem ebenso theologisch, als philosophisch gebildeten Freunde sogar mehrfach die religiösen Bedenken und Scrupel mittheilte, die ihm, wie wir wissen, vielfach aufstießen, besonders, wenn er sich in den Propheten Daniel und in die Offenbarung Johannis, seine Lieblingsbücher, vertiefte.

Doch kehren wir zu dem Verhältniß zurück, in welchem Locke mit seinem frühern Freunde, dem Lord Ashley, stand. Nur noch kurze Zeit genoß hier Locke das Glück, in ungestörter Muße seinen Neigungen nachhängen zu können; denn bald wurde er in die wechselvollen Schicksale seines hohen Gönners mit hingerissen. Als nämlich im Jahre 1672 Ashley zum Range eines Earl of Shaftesbury befördert und Großkanzler von England geworden war, setzte ihn dieser in das Amt des Secretary for the presentation of benefices ein.

Aber schon im darauffolgenden Jahre verlor Ashley das große Siegel wieder, und Locke mußte nun gleichfalls seine Stelle aufgeben. Denn durch seinen intimen Umgang mit dem Grafen, den er überdies bei der Abfassung und Herausgabe einiger Schriften gegen die Römisch-Katholischen und gegen den kryptokatholischen König unterstützte, hatte er sich des letzteren Ungnade zugezogen. Im Jahre 1675 unternahm Locke, wie bereits früher erwähnt wurde, zur Herstellung seiner Gesundheit eine Reise nach Frankreich, von der er erst im Mai des Jahres 1678 zurückkehrte.

---

*) L. K I. 387.
ᵃ*) L K. I. 418.

Sein Weg ging über Boulogne nach Paris und von da weiter über Chalons, Lyons und Avignon nach Montpellier, wo er im Januar 1676 anlangte. Seinen vierzehnmonatlichen Aufenthalt hierselbst benutzte er, außer näheren und weiteren Ausflügen, wie z. B. nach Marseille, Toulon, Hières und Avignon, vorzüglich dazu, sich auf's Genaueste mit den Sitten und Gebräuchen der ländlichen Bevölkerung, sowie mit den kirchlichen und politischen Zuständen des damaligen Frankreichs bekannt zu machen. Ueberall, wie vorher auf seiner Reise, sehen wir ihn auf seinen Spaziergängen nicht bloß eine flüchtige Neugier befriedigen, sondern dem Drange einer unersättlichen Wißbegierde Genüge leisten. Hier steht er bei einem Bauer still, der ihm erzählen muß, welche Steuern er zu zahlen hat, und in welcher Weise sie erhoben werden. Er tritt in einen Garten. Da ruht er nicht, bis er genau weiß, wie die Reben auf die vortheilhafteste Weise gepflanzt und gezogen werden. Auch wie man den Wein dort keltert, das Oel preßt, und was dem Pächter von dem schwer errungenen Ertrag übrig bleibt, vergißt er nicht zu fragen. Jetzt fesselt eine Ruine seinen Blick; aus einer verwitterten Inschrift buchstabiert er den Besitzer der ursprünglichen Burg heraus. Jetzt nimmt er den Meßstock hervor, um die Proportionen eines im Style der Neuzeit prunkenden Schlosses festzustellen. Wo ein Hammer erklingt, eine Feile rasselt, da muß er hin, und kein mechanisches Instrument, das entweder neu erfunden oder nur in seiner Construction von dem Gewohnten abweicht, entgeht seinem Scharfblick. Zu Hause aber verzeichnet er in seinem Reisebuche auf's Genaueste, was er gehört und gesehen, empfiehlt auch wohl einem Freunde in England die Nachahmung dieser und jener Einrichtung, oder er liest, und zwar stets die Feder in der Hand, damit er sich das Wichtigste und Beste sogleich ausziehen könne. Dann wieder stützt er sinnend sein Haupt und verfolgt die Fragen und Probleme, welche ihm auf seinem einsamen Gange aufgestoßen sind, oder er schreibt, was ihm dort bereits klar geworden ist, nieder.

Durchblättern wir dieses sein Tagebuch, so blicken wir gleichsam in die innerste Werkstätte seines nie rastenden Geistes und sehen, wie er sich die Bausteine zurecht legt zu den gewaltigen Werken, die im reifsten Mannesalter ausgeführt, eine Zierde der Litteratur seines Vaterlandes werden sollten.

Ueberall blitzt aber auch schon aus den zerstreuten Bemerkungen sowohl, wie aus den längeren Abhandlungen der ihm eigenthümliche Haß gegen allen Wort- und Phrasenkram hervor, sowie der Abscheu vor der alten despotischen Regierung, „dem Paradies der Höflinge und der Hölle jedes ehrlichen Bürgers und Bauers"

In Montpellier machte Locke die Bekanntschaft des Mr. Herbert, späteren Earl's of Pembroke, dem er in der Folge seinen „Versuch über den menschlichen Verstand" widmete.

Sobald die wohlthätige Einwirkung des Klimas ihm einigermaßen Kräfte gegeben hatte, trieb ihn sein Wissensdurst auch schon wieder zum Reisen. Im März des Jahres 1677 brach er nach Toulouse und Bordeaux auf und gelangte von da über Poitiers und Tours nach Paris. Vom Juni 1677 bis zum Juli 1678 verweilte er in der Hauptstadt, und hatte während dessen vielfach Gelegenheit, theils hier oder in St. Germain, in Fontainebleau und Versailles auf Paraden und Jagden den Pomp Ludwigs XIV. bewundern und verachten zu lernen; denn Locke wußte sehr wohl, daß aus demselben Seckel, der diesen Glanz unterhielt, die Bestechungen flossen, welche sein Vaterland, indem sie die Parteileidenschaft wach erhielten, an den Rand des Verderbens brachten. Anziehender schien ihm die stille Pracht der Bände in der Königlichen Bibliothek, die er nicht unbenutzt ließ, und wichtiger war für ihn der Verkehr, in welchen er durch Vermittelung seines neuerworbenen Freundes Justel mit einer Anzahl ausgezeichneter Männer der Wissenschaft trat, darunter der Theolog Toignard und der berühmte Anatom Guenelon aus Amsterdam, dessen Bekanntschaft ihm während der Drangsale seines spätern Lebens noch besonders zu statten kam.

Kaum war Locke im October 1678 über Orleans, Bordeaux und Toulouse nach Montpellier zurückgelangt, als er von Neuem aufbrach, um sich nach England zu begeben Es läßt sich wohl

kann bezweifeln, daß ein Ruf Shaftesbury's die Veranlassung hierzu gab. Weßhalb aber Locke trotz seines schleunigen Aufbruchs von Montpellier doch vorerst nur bis Paris reiste, und seine Weiterreise von hier noch etwa fünf Monate, nämlich bis zum April 1679, wie es scheint, absichtlich aufschob, werden wir verstehen, wenn wir einen Blick auf die Vorgänge werfen, welche sich während seiner Ab-wesenheit bis zu diesem Zeitpunkt in England zugetragen hatten.

Der König*) Karl II. hatte nicht sobald den, wie es den Grafen Shaftesbury dünkte, un-verzeihlichen Mißgriff gethan, ihm das große Siegel abzufordern, als dieser auch überall in der Haupt-stadt verbreitete, sein Eifer für den protestantischen Glauben ziehe ihm den Haß der Päbstler zu, und an die Spitze der Opposition im Unterhause trat. Sein sprühender Witz, seine schneidende Dialektik verwandelte die non-resitling bill, welche alle Beamten zum Nichtwidersehen und zum leidenden Ge-horsam gegen die königliche Gewalt verpflichtete, in einen Gegenstand des Spottes; er fügte eine beißende Flugschrift hinzu, welche das Parlament als Schmähschrift verurtheilte und verbrennen ließ. Darauf erfolgte seine Gefangenschaft im Tower, welcher er nur entging, als er das Oberhaus knie-fällig um Verzeihung bat. Um so entschlossener war Shaftesbury, im Strome der Volksgunst das Kleinod der Macht wieder zu angeln, das seinen Händen entrissen war

Und hierzu war die nach dem Frieden von Nymwegen in der englischen Politik eintretende Krisis besonders geeignet Der ganze Vorrath von Popularität, mit der der König seine Verwaltung begonnen hatte, war längst aufgezehrt. Der loyalen Begeisterung war die größte Abneigung gefolgt. Denn erstlich war der Nationalstolz des Volkes auf's Tiefste gekränkt, welches die Macht des Landes von dem Ansehen, das es unter dem Usurpator genoß, so tief hatte herabsinken sehen, daß jedes deutsche oder italienische Fürstenthum, welches 5000 Mann ins Feld stellte, ein wichtigeres Mitglied der Gemeinschaft der Nationen war Sodann vermischte sich mit dem bittern Gefühl nationaler Er-niedrigung die Besorgniß für die bürgerliche Freiheit. Mächtiger, als beides aber wirkte auf die Volksgesinnung der Haß gegen die römisch-katholische Kirche und gerade dieser Glaube schien sich, als der Herzog von York, des Königs Bruder und präsumtiver Thronerbe, die Prinzessin von Modena, auch eine Römisch-Katholische, geheirathet hatte, dauernder denn je in England zu befestigen.

Die Nation war demnach in einer Stimmung, in welcher der kleinste Funke eine Flamme entzünden konnte. Und an zwei Stellen schlug der brennende Funke in den Zunder ein. Es kam durch einen aufgefangenen Brief ans Licht, daß Danby, Karl's Minister, einen ganz frischen Jahr-gehalts-Handel mit Ludwig XIV. geschlossen habe. Eine noch weit größere Gährung, als diese Ent-deckung aber erzeugte das Gerücht, welches sich verbreitete, daß ein großes papistisches Complot ent-deckt wäre, welches die Ermordung des Königs und die Unterdrückung des Protestantismus zum Zwecke habe. So krank und erregbar war die öffentliche Meinung, daß man dem Titus Oates, einem mein-eidigen Heuchler, der jenes hauptsächlich in Umlauf gesetzt hatte, Glauben schenkte. Männer, wie Shaftesbury aber, die solche Aussagen nicht für wahr hielten, benutzten sie wenigstens, da sie ihnen willkommen waren, um den geängstigten König zu drängen, zu denen er sonst nie gelang Zustimmung gegeben haben würde. Denn als derselbe am 21. October 1678 das Parlament eröffnet hatte, beschworen ihn beide Häuser, alle Papisten vom Hofe und, sofern sie nicht angesessen wären, auch aus der Hauptstadt zu verweisen, und nahmen die Untersuchung selbst über sich. Die Lords er-nannten zu diesem Zweck einen Ausschuß, an dessen Spitze Shaftesbury trat.

Dies ist der Zeitpunkt, in welchem Locke die Einladung Shaftesbury's, nach England zu kommen, in Montpellier erhalten haben muß, und, wie wir sahen, leistete er ihr auch insoweit Folge, daß er seine Rückreise bis nach Paris fortsetzte. Hier mochte er jedoch von den ferneren Schritten,

*) Dahlmann, Geschichte der englischen Revolution S 307.
Macaulay. Hist. of Egl. l. c. 2.

welche Shaftesbury that, Kenntniß erhalten haben, und da er diese, wie aus einigen noch in Paris niedergeschriebenen Bemerkungen hervorgeht, mißbilligte, so faßte er den Entschluß, einen geeigneteren Zeitpunkt für seine Rückkehr abzuwarten. Die in seinem Tagebuch*) aufgezeichneten Worte, welche ihn von allem Verdacht der Mitschuld an dem gewissenlosen Treiben seines Freundes reinigen, sind folgende: „Wo die Macht als solche und nicht ihre gute Anwendung Ruhm verleiht, da gilt jede Ungerechtigkeit, Falschheit, Gewaltthätigkeit und Unterdrückung, die sie begleiten, für Weisheit und Geschicklichkeit;" und der andere Ausruf, welcher die Zerknirschung seines Gemüths genugsam beweist, lautet:

„Religionen werden geschützt, Parteiungen aufrecht erhalten, und die Scham, von Denen, mit welchen man gelebt hat, und bei welchen man sich beliebt machen möchte, verachtet zu werden, ist die große Triebfeder, welche die Handlungsweise der meisten Menschen leitet."

Diese Aeußerungen beziehen sich unverkennbar auf die verwerfliche Rolle, welche Shaftesbury dem Lande und dem Hofe gegenüber spielte. Nachdem dieser nämlich (nach Dahlmann's**) Ausdruck) „den Unhold (the Popish plot) mit wahrer Vaterliebe zum Ungeheuer herangezogen hatte", stellte er Verhöre, Haussuchungen und Verhaftungen ohne Ende an, und brachte so in kurzer Frist an 2000 Verdächtige, darunter 5 Lords, in die Gefängnisse der Hauptstadt. Ja selbst die Königin Catharina ließ er durch den feilen Betrüger Oates des Hochverraths anklagen. Wie hätte eine so gerade Natur, wie Locke, sich zur Theilnahme an so abscheulichen Maßregeln entschließen sollen, und was konnte er Anderes thun, als sich von dem Schauplatz solcher Intriguen fern halten? Aber nicht minder zuwider mußte einem Locke das Benehmen sein, welches sein Freund einschlug, als ihn der schwache König zum Präsidenten seines Geheimen Raths gemacht hatte. Denn diese Ehre vergalt Shaftesbury damit, daß er ungestüm die Ausschließung des Papisten York verlangte.

Um diese Zeit löste Karl das Parlament, mit dem er 18 lange Jahre regiert hatte, auf, um es mit einem andern zu versehen. Als sich aber das neue Parlament nicht fügsamer zeigte, sandte Karl in seiner Verlegenheit nach William Temple, der den Geheimen Rath anders einrichtete; doch überraschte ihn Karl höchlich, als er den Lord Shaftesbury wiederum zum Präsidenten desselben ernannte. Als solcher zettelte dieser sogleich wieder Brand- und Verschwörungsanzeigen an, und ließ durch Russel im Unterhause die Bill betreiben, welche den Herzog von York für unfähig erklärte, die Krone von England zu erben. Bevor jedoch die Bill im Unterhause zur Verlesung kam, prorogirte es der König (am 27. Mai 1679), und verfügte später seine Auflösung. Ehe es dann zu einem neuen Parlament kam, entließ er den Shaftesbury.

Mit seinem in der Hofgunst gefallenen Freunde trat nunmehr Locke, nachdem er im Mai dieses Jahres endlich in sein Vaterland zurückgekehrt war, wieder in Verbindung, und sein Rath mag nicht ohne wohlthätigen Einfluß auf die nächsten Maßnahmen Shaftesbury's geblieben sein, auf deren eine, nämlich die Einführung der Habeas-Corpus-Acte, jeder Engländer mit Stolz zurückblickt und um derentwillen er geneigt ist, ihrem Schöpfer viele große Charakterfehler zu verzeihen.

Je mehr sich von jetzt an der Stern Shaftesbury's neigte, als einen desto treueren Freund bewies sich ihm Locke.

Der König nämlich, welcher von seinem alten Wohlthäter Ludwig XIV. wieder bedeutende Geldsummen erhalten hatte, fühlte sich stark genug, nach einander 5 Parlamente, das letzte im März 1681, da sie sich ihm nicht willig genug zeigten, aufzulösen.

In zwei Jahrzehnten bürgerlichen Friedens waren Handel und Gewerbe emporgeblüht, ein wohlhabender Mittelstand hatte sich gebildet, welcher sich mit den Vornehmen und Reichen jetzt eifrig

---

*) L. K. I. S 252
**) Dahlmann. Engl. Revol. S 308

in den Grafſchaften zu Adreſſen zuſammenthat, dem Könige ſeine Ergebenheit zu bezeugen. Um dieſe günſtige Stimmung auszubeuten, ließ der Hof den Grafen Shaftesbury gleich verhaften und in den Tower bringen.

Aber diesmal hatte man ſich doch noch verrechnet; die große Jury, welche großentheils aus Wighs beſtand, wies die Anklage mit ihrem Ignoramus als unbegründet ab. Dies war jedoch die letzte Niederlage, welche der Hof erlitt. Das vorſichtige Verfahren des Königs, der durch ſeinen ge= wiegten Lordoberrichter Jeffreys allen Städten und Corporationen ihre Freibriefe ablockte, und ſo Ein= fluß auf die wichtigſten Magiſtrate, ſowie auf die Wahlen erlangte, befeſtigte ſeine Gewalt ſo, daß ein Gewaltſtreich, den Shaftesbury mit William Ruſſel und Algernon Sidney im Jahre 1682 zum Sturz des Abſolutismus unternehmen wollte, ſcheitern mußte. Noch zur rechten Zeit entzog ſich Shaftesbury ſeiner Verhaftung durch die Flucht nach Holland, woſelbſt er bereits nach 3 Monaten im Januar 1683 ſtarb.

Indem Locke ſeinem Gönner hieher in die freiwillige Verbannung folgte, genügte er zugleich der Freundespflicht und der der Selbſterhaltung. Denn, was ſein Loos geweſen wäre, wenn er nicht ſchleunigſt den engliſchen Boden verlaſſen hätte, läßt ſich aus dem Schickſal ſchließen, welches die übrigen Freunde Shaftesbury's traf, und aus einer Maßregel, die man in ſeiner Abweſenheit über ihn ſelbſt verhängte.

Gegen jene wurde, beſonders auf den Betrieb Jacobs und des Oberrichters Jeffreys, An= trage und Verhaſt wegen Hochverraths eingeleitet, und indem man ihre Sache willkürlich mit dem ſo= genannten Rye-house plot in Verbindung brachte, wurden ſie wegen Theilnahme an dieſer den Meuchel= mord des Königs bezweckenden Verſchwörung verurtheilt.

Am 21. Juli beſtieg Ruſſel das Schaffot, und am 8. December fiel Sidney's Haupt*). Gegen dieſen wurde als Grund zur Verdammung eine Abhandlung mit geltend gemacht, gegen Filmer gerichtet, welcher in ſeinem Patriarcha alle königliche Gewalt von dem erſten Familienvater und König, unſerm alten Adam herleitet und ſie als ihrer Natur nach unumſchränkt darſtellt: — Am Todestage Ruſſel's aber erließ die Univerſität Oxford ein Decret, welches zu Ehren der heiligen und ungetheilten Dreifaltigkeit ewige Verdammniß ausſpricht über die Lehren: daß die bürgerliche Gewalt vom Volk ausgehe; daß ein Vertrag im Staate obwalte, einerlei, ob ſtillſchweigend oder ausdrücklich geſchloſſen, durch deſſen Verletzung von der einen Seite auch die Verbindlichkeit des andern Theils erlöſche; daß der Fürſt, welcher nicht gemäß den göttlichen und menſchlichen Geſetzen regiert, ſein Recht auf die Regierung verwirke.

Zu gleicher Zeit wurden 24 Sätze aus den Schriften von Buchanan, Milton, Knox, Hobbes und Andern als ketzeriſch und gottesläſterlich bezeichnet und die Verbrennung der Bücher, aus welchen ſie ausgezogen ſind, befohlen. In unmittelbarer Verbindung hiermit ward endlich Locke, den ſchon ſein Verkehr mit Shaftesbury verhaßt machte, aus dem Chriſtchurch=Collegium der Univerſität Oxford ausgeſtoßen. War es auch zunächſt nur dieſes Collegium, welches der von der Regierung an daſſelbe gerichteten Zumuthung in ſervilſter Weiſe Folge leiſtete, ſo wirft doch her ganze Vorgang ein höchſt nachtheiliges Licht auf den an der Univerſität damals herrſchenden Geiſt überhaupt, und eine Hochſchule, die ſich durch Duldung des Spionirweſens zu einer Polizeianſtalt erniedrigt, kann von der Mitſchuld nicht freigeſprochen werden. Daß aber Spionage gegen Locke angewendet wurde, iſt klar aus dem Antwortſchreiben erſichtlich, welches der Decan des Collegiums, Biſchof Fell, an den Grafen Sunderland ſandte, als dieſer ihm die Abſicht der Regierung kund gegeben hatte, Locke zu ermitteln. Es heißt darin:

„Da Locke ein Mann iſt, in welchen der verſtorbene Graf Shaftesbury großes Vertrauen ſetzte, und von dem man vermuthet, daß er übel geſtimmt iſt gegen die Regierung, ſo habe ich ſeit

---

*) Dahlmann. Engl. Rev. S. 330.

mehreren Jahren ein Auge auf ihn gehabt; aber so sehr war er auf seiner Hut, daß ich nach ver= schiedenen genauen Nachforschungen die feste Versicherung geben kann: es giebt Keinen im ganzen Col= legium, wie vertraut er auch mit ihm war, der ihn jemals ein Wort entweder gegen oder auch nur über die Regierung sagen gehört hätte; und obwohl sehr häufig sowohl öffentlich, als privatim, den Grafen Shaftesbury, seine Partei und seine Pläne verunglimpfende Gespräche absichtlich eingeleitet wurden, so ließ er sich doch nie verleiten, ihnen irgend welche Beachtung zu schenken oder durch ein Wort oder einen Blick den geringsten Antheil zu verrathen, so daß ich glaube, es giebt in der Welt Keinen, der so sehr Meister seiner Zunge und seines Willens ist. —

Es ist aber wahrscheinlich, daß wenn er sich auch hier, wo er sich beobachtet wußte, so vor= sichtig benahm, er sich doch in London, wo eine größere Freiheit im Sprechen herrscht, freier ausge= lassen hat. Ich habe ihn auf den ersten Januar hier vorgefordert, um, wenn er bis dahin nicht er= schiene, gegen ihn vorzugehen. Sollte aber Sr: Majestät ihn noch eher ausgestoßen wünschen, so soll dies geschehn."

Bevor sich noch Locke zu seiner Vertheidigung stellen konnte, nahm man zu der Beschuldigung, er habe gewisse Broschüren gegen die Regierung geschrieben, deren Verfasser aber, wie sich später herausstellte, ein ganz Anderer war, seine Zuflucht[*], und kündigte ihm in der That schon 8 Tage nach dem Abgang des ersten Briefes seine Ausschließung an.

Und so warf die Universität einen Mann bei Seite, den gebildet zu haben und als Mitglied zu besitzen, sie sich zum höchsten Ruhme hätte anrechnen sollen. Ihn selbst aber beraubte sie, ohne ihm auch nur den Schatten eines Verbrechens aufbürden zu können, einer Stelle, die ihm außer manchen andern Vortheilen ein einträgliches Jahrgehalt gewährte.

Die Ungerechtigkeit, mit der man Locke behandelte, indem man ihn ohne Gericht um seinen Wohnsitz und sein Brod brachte, würde es entschuldigt haben, wenn er zu heftigen Mitteln der Ab= hülfe gegriffen hätte; aber er ließ sich durch keine persönliche Rachsucht zu einer Unbesonnenheit hin= reißen, so nahe auch die Versuchung für ihn lag, sich den mit den heimischen Zuständen Unzufriedenen, welche in Holland lebten, in die Arme zu werfen und ihre Pläne gegen Jacob II. zu unterstützen.

Der König Karl II. war nämlich am 2. Februar 1685 in Folge eines Schlagflusses ge= storben und sein Bruder Jacob hatte, ohne dabei auf irgend welche Hindernisse zu stoßen, den Thron bestiegen. Ja er erfreute sich zu Anfang sogar einer gewissen Popularität. Desto eifriger glaubten sich die in Amsterdam versammelten Flüchtlinge, Argyle und Monmouth an ihrer Spitze, welche alle von gleichem Haß gegen Jacob beseelt waren, gegen diesen rüsten zu müssen. Man beschloß einen doppelten Landungsversuch zu machen, einen an der Westküste von Schottland unter dem Herzog von Argyle, dem bald ein anderer in England unter Monmouth folgen sollte. Ein Ausschuß wurde er= mächtigt, die Werbung von Truppen und die Austheilung von Proviant und Munition zu übernehmen.

Von allen diesen unbesonnenen Rathschlüssen hielt sich aber Locke, wiewohl er am gröblichsten unter den britischen Verbannten vom englischen Hof verletzt war, vollständig fern, und selbst als der letztere seinen unberechtigten Grimm gegen ihn von Neuem blicken ließ, indem er durch seinen Ge= sandten Schelton von den Generalstaaten neben der Auslieferung von 38 Andern auch die Locke's ver= langte, bewahrte ihn sein Verstand und sein Temperament, so sehr er auch als Philosoph Tyrannei und Verfolgung haßte, vor der Heftigkeit eines Parteigängers. Ja um dem Hofe jeden Vorwand zu dem Verdachte abzuschneiden, als stehe er mit Monmouth, von dem er übrigens als Führer eine eben so geringe Meinung hatte, wie von dem Unternehmen selbst, in irgend einer Verbindung, siedelte er von Amsterdam nach Utrecht über. Trotz aller seiner Vorsicht hörten aber die Verfolgungen gegen ihn nicht auf. Er mußte bald zu diesem, bald zu jenem Freunde seine Zuflucht nehmen, und nach verschiedenen Städten abwechselnd seinen Aufenthalt verlegen, so daß er bald in Cleve, bald in Am=

---

[*] L. K. I. S. 325.

3.

sterbam, bald in Utrecht lebte, ja eine Zeit lang mußte er sich sogar bei Tage verborgen halten und konnte nur des Nachts ausgehn. Mit aufopfernder Fürsorge übernahmen es seine Freunde, ihn gegen die Wuth seiner Verfolger zu schützen, und der Magistrat von Amsterdam erklärte denselben:

„Wenn der König von England Locke's Auslieferung begehre, so könne er ihn zwar nicht schützen, verrathen aber würde er ihn nicht, und sein Hausherr solle bei Zeiten benachrichtigt werden, wenn für ihn Gefahr drohe."

Mitten unter den bittern Leiden, welche ihm die Unduldsamkeit seiner Gegner bereitete, schrieb Locke im Hause seines Freundes Veen 1685 seinen ersten Brief über die Duldsamkeit, dessen Hauptgedanken er schon in seinem Tagebuch im Jahre 1667 entworfen hatte.[*] Es mag hier nicht unerwähnt bleiben, daß William Penn, der sich einiger Gunst bei Jacob II. erfreute, Locke anbot, ihm Verzeihung beim König auszuwirken; was dieser aber zurückwies, „weil er sich keiner Schuld bewußt sei." Ein gleich ehrenvolles Denkmal hat sich der schon früher erwähnte Lord Herbert, Graf von Pembroke gesetzt, durch die dringende Fürsprache, welche er bei Jacob für seinen Freund einlegte. Er vermochte auch so viel über den König, daß er versprach, er wolle keiner üblen Nachrede über Locke ferner Gehör geben und seiner Rückkehr nach England keine Hindernisse in den Weg legen. Konnte sich auch Locke für jetzt zu dieser nicht entschließen, so brachte die Verwendung seiner Freunde ihm doch den Vortheil, daß er sich von nun an freier in Holland bewegen durfte. So stiftete er denn im Jahre 1686 mit Le Clerc und Lynborch zu Amsterdam seine Gesellschaft „zur Vermehrung nützlicher Kenntnisse und zur Förderung der Wahrheit und christlichen Liebe." Für die Gründung derartiger Gesellschaften hatte Locke überhaupt eine besondere Vorliebe. Schon bei seinem Aufenthalt in Oxford hatte er häufig zu solchen Versammlungen den Anstoß gegeben, so wie er auch gleich nach seiner Rückkehr in London eine neue Gesellschaft zu ähnlichem Zwecke einrichtete.

Von Amsterdam aus hielt Locke eine Rundschau der niederländischen Städte, wobei ihm[**] „die Segnungen, welche das Volk unter einer der bürgerlichen und religiösen Freiheit besonders günstigen Regierung genoß, reichlichen Ersatz bot für das, was der wenig einladende Boden in Bezug auf landschaftliche Schönheit und Klima vermissen ließ." Auch dem Stillleben der verschiedenen Secten in diesem Lande widmete er besondere Aufmerksamkeit.

Im Jahre 1687 vollendete Locke seinen „Versuch über den menschlichen Verstand," der in einem von ihm selbst gemachten und durch Le Clerc in's Französische übersetzten Auszuge im folgenden Jahre veröffentlicht wurde. Das vollständige Werk selbst erschien erst später.

Inzwischen war die Volksmeinung in England gegen den König, dessen blinder Eifer für die allgemein verhaßten Katholiken ihn zu unklugen und willkürlichen Maßnahmen verleitete, immer gereizter geworden, und als die Geburt eines Thronerben im Juni des Jahres 1688 den Gegnern des Katholicismus die Befürchtung einflößte, daß sich des Vaters Gesinnung auf ihn vererben möchte, und so die Unzufriedenheit Aller sich auf's Höchste gesteigert hatte, thaten sich mehrere Adlige und Geistliche zusammen und ließen einen Ruf an Wilhelm von Oranien ergehen, er möchte mit einer bewaffneten Macht zum Schutze ihres Glaubens und ihrer Freiheiten herbeieilen. Am 5. November desselben Jahres landete der Prinz mit einer ansehnlichen Flotte in England, und jubelnd begrüßte ihn die Menge als ihren Erretter, da sie auf seiner Flagge die Worte lasen: The Protestant religion and the Liberties of England.

Eines der Schiffe führte auch unserm Locke der Heimath wieder zu, und jetzt endlich begann für ihn die Zeit, in welcher er volle Genugthuung erndten sollte für alle die Leiden, welche die Verfolgungssucht des Hofes und die servile Gesinnung eines Theiles seiner Landsleute über ihn gebracht hatte.

---

[*] L. K. I. S. 289 ist der Umriß abgedruckt.
[**] Dugald Stewart.

Zwar sah er sich genöthigt, auf die Wiedereinsetzung in seine Stelle am Christchurch=Collegium zu Oxford zu verzichten, weil er es ebensosehr verschmähte, einen Andern, der sie bereits eingenommen hatte, daraus zu verdrängen, als ein überzähliges Mitglied des Collegiums abzugeben. Aber er hatte doch die Genugthuung, erstlich zu sehen, wie den Oxforder Bücherverbrennern ihr Recht geschah; sodann wie ihm selbst Anerbietungen der ehrenvollsten Art von dem neuen Könige gemacht wurden. So bot ihm Lord Morbaunt, der ihn schon von Holland her kannte, und der jetzt Minister des Königs war, im Namen desselben eine Gesandtschaftsstelle an einem der größten deutschen Höfe, wahrscheinlich zu Wien oder Berlin an, die Locke jedoch ablehnte, und zwar aus Gründen, die für uns Deutsche ebensowenig schmeichelhaft sind, als sie ihn selbst ehren. Er sagt nämlich in dem Erwiederungsschreiben unter Anderm:

„Ich halte dafür, daß jeder Engländer in seinem Gewissen durch die Pflicht der Dankbarkeit gebunden ist, sich nicht mit einer bloß trägen und thatlosen Anhänglichkeit an den Fürsten da zu begnügen, wo seine Börse, sein Kopf oder seine Hand unserm großen Befreier irgendwie von Nutzen sein kann. Ihr Anerbieten schließt Ehre genug in sich, um auch selbst einen größern Ehrgeiz, als den meinigen zu befriedigen, und eine Stufe zum Glück für mich, wie ich es nie hätte erwarten können . . . . . Aber, wie verführerisch es auch ist, ich kann es weder vor mir selbst, noch vor der Welt verantworten, wollte ich von einem Vertrauen Nutzen ziehen, das ich Gefahr laufe zu täuschen gerade von dem Augenblick an, wo ich es annehme . . . . . Was ist auch in dem Drang so mannigfaltiger Geschäfte ein Mann nütz, der, wenn er sich nur ein bischen rührt, keinen Athem zum Sprechen mehr hat, und nicht ein oder zwei Stunden von der Nacht borgen kann, ohne sie den nächsten Tag durch großen Zeitverlust zurückzuzahlen . . . . .

Ich denke, es wäre gerathener, man legte mich für immer bei Seite, um vergessen zu werden, als daß man sich Nachtheil dadurch zuzöge, daß man mich aus Ehrgeiz und mit Voreiligkeit etwas unternehmen läßt, was ich aus Mangel an Gesundheit und Erfahrung nicht zum Vortheilhaftesten würde durchführen können. Und, fährt er halb in Ernst und halb im Scherz fort, wenn ich Grund habe, die kalte Luft des Landes zu fürchten, so giebt es noch etwas Anderes, was sich mit meinem Zustand nicht verträgt, ich meine die starken warmen Getränke der Deutschen. Ich bekenne, hartnäckiges Zurückweisen möchte wohl einigermaßen die Sitte durchbrechen, aber das hieße doch höchstens mehr an seine Gesundheit denken, als an die Aufträge des Königs. Es ist durchaus nicht nebensächlich, wenn man sich in solchen Stellungen bei dem Volke, mit dem man es zu thun hat, angenehm zu machen versteht, indem man sich in ihre Gewohnheiten schickt; und ich bilde mir ein, so viel ich dort auch durch eigene Bemühung ausrichten möge, — das Erkunden dessen, was Andere vorhaben, ist mindestens die eine Hälfte meines Geschäftes, und ich weiß, es giebt zum Auspressen der Gedanken Anderer keine so geeignete Daumschraube in der ganzen Welt, als ein geschickt angebrachtes Fläschchen.

Wenn ich daher einen Rath aussprechen darf, so meine ich, daß es im Interesse des Königs liegt, lieber Jemanden hinzuschicken, der hierin seinen Mann steht, als gerade den Nüchternsten im ganzen Königreiche."

Locke veröffentlichte gleich im ersten Jahre nach seiner Rückkehr, also 1689, seinen ursprünglich lateinisch abgefaßten letter on toleration auch in englischer Sprache, dem später als Erwiederung auf gewisse Angriffe gegen denselben, welche hauptsächlich von Oxfordern ausgingen, 1690 noch ein zweiter und 1692 ein dritter folgten. —

Das Jahr 1690 war für Locke's öffentliches Auftreten das wichtigste, denn in diesem*) er-

---

*) Nicht 1689, wie Schärer S. 17 sagt, wenn anders L. King's Angabe I. S 47 und Lewes' in seiner Hist. of Phil. S 428 richtig ist. Der letztere bemerkt ferner zu dem zweiten Punkt: Der Schreiber des Artikels „Locke" in der Encycl. Brit. sagt, daß die 4. Ausgabe i. J. 1700 erschien. Victor Cousin wiederholt diese Angabe und fügt hinzu, daß Locke eben mit der Herausgabe einer 5. beschäftigt war, als ihn der Tod ereilte. Wir wissen nicht, auf welche An-

schien sein Essay concerning Human Understanding, die Frucht einer 16jährigen Arbeit, zuerst voll=
ständig und brachte eine außerordentliche Wirkung hervor.

Warburton's Angabe, als ob dem nicht so gewesen wäre, wird, sagt Lewes, schon durch die
bloße Aufzählung der Ausgaben, welche schnell nacheinander von diesem Werke nöthig wurden, wider=
legt. Sechs Ausgaben innerhalb von 14 Jahren, und zu einer Zeit, wo Bücher langsamer abgesetzt
wurden, als heute, ist Beweis genug.

Stewart in seiner ausgezeichneten Dissertation, urtheilt so über diese Schrift: Sie hat in
einem bis dahin unbekannten Grade den denkenden Theil der Leser auf einen unerschütterlichen Gebrauch
des Verstandes vorbereitet. Vielleicht ist es nicht zu viel behauptet, daß, wenn Luther die
Christenheit von der Sklaverei der Priesterschaft in religiösen Dingen befreite, Locke in einem nicht ge=
ringeren Grade dazu beigetragen hat, durch sein kühnes Prüfen und durch sein feuriges Streben nach
Wahrheit die Welt von der Sklaverei der Irrthümer und Vorurtheile zu befreien. Und, um mit dem
als Schriftsteller und Redner gleichberühmten Mackintosh zu sprechen:

„Unter den englischen Dissenters aufgewachsen wurde Locke früh von jener tiefen Frömmigkeit
und jener feurigen Freiheitsliebe erfüllt, welche diese Körperschaft beseelte; ebenso wurde ihm wahr=
scheinlich auch in ihren Schulen die Vorliebe für metaphysische Untersuchungen eingeflößt, welche der
calvinistischen Theologie immer zur Seite ging. Da alle Secten auf dem Rechte des eigenen Urtheils
gegründet sind, so ist ihnen von Natur das Bestreben eigen, sich von Intoleranz zu reinigen und bei
Zeiten in Andern die Denkfreiheit zu achten, deren Ausübung sie ihre eigene Entstehung verdanken.
Von den Geistlichen der Independenten, die seine Lehrer waren, nahm unser Philosoph die Grundsätze
religiöser Freiheit in sich auf, welche jene zuerst der Welt aufschlossen. Als ihn dann freie Nach=
forschung zu milderen Dogmen leitete, behielt er doch die strenge Moral bei, die ihre ehrenwerthe
Eigenthümlichkeit ausmachte, und welche noch jetzt ihre Nachfolger in den Gemeinden auszeichnet, die
ihre rigoristischen Meinungen aufgegeben haben. Sein Beruf als Arzt leitete ihn nachher zur Be=
schäftigung mit den Naturwissenschaften zu einer Zeit, wo die Begeisterung für's Experimentiren und
Beobachten sich mit jugendlichem Ungestüm regte, und wo das Widerstreben gegen scholastische Spitz=
findigkeiten die herrschende Leidenschaft der wissenschaftlich gebildeten Welt war. In einem reiferen
Alter erhielt er Zutritt in die Gesellschaft großer Geister und ehrgeiziger Politiker. Während seines
übrigen Lebens war er oft mit Staatsgeschäften betraut, und blieb überhaupt immer im Verkehr mit
der Welt. Daher die wenige ungestörte Muße, daher wahrscheinlich auch jenes gemilderte Gefallen an
bloß abstracter Speculation, welches die unvermeidliche Folge ist von dem Umgang mit Menschen und
der Erfahrung in ihren Angelegenheiten. Aber seine politischen Verbindungen, mit seiner frühen
Neigung zusammentreffend, machten ihn zu einem eifrigen Anwalt der Freiheit in Bezug auf die
Meinung über Religion und Regierung; und allmählig setzte er seinen Eifer und seine ganze Thätig=
keit daran, jene allgemeinen Principien aufzuklären, welche die Wächter der großen Interessen der
Menschheit sind.“

Ueber die nachhaltige Wirkung, welche Locke's Buch hervorbrachte, äußert sich derselbe
Schriftsteller folgendermaßen:

„Wenige Bücher haben mehr beigetragen zur Berichtigung von Vorurtheilen, zur Unter=
grabung eingenisteter Irrthümer, zur Ausbreitung einer billigen Denkungsart, zur Erregung eines
furchtlosen Forschungstriebes und dazu, den letztern zugleich in den Grenzen zu erhalten, welche die
Natur des menschlichen Verstandes vorschreibt. Eine Verbesserung der gewöhnlichen Denkweise hat für
die meisten Zweige des Wissens eine eben so große Wichtigkeit, wie die Entdeckung neuer Wahrheiten

---

erität hin diese Schriftsteller dies behaupten; aber davon, daß sie im Irrthum sind, kann man sich durch einen Blick in
Lockes Epistle to the Reader überzeugen, dessen letzter Paragraph ankündigt, daß die eben von Locke veranstaltete Aus=
gabe die 6. ist.

selbst, obgleich jene nicht so faßbar ist, noch ihrer Natur nach so fähig, von oberflächlichen Beobachtern geschätzt zu werden. In dieser Rücksicht steht das Verdienst Locke's unvergleichlich da. Seine Schriften haben durch die ganze gebildete Welt die Liebe zur bürgerlichen Freiheit ausgegossen, so wie den Geist der Duldung und Nachsicht gegen religiöse Meinungsverschiedenheiten, ferner die Neigung, Alles was dunkel, phantastisch oder scheinwahr in der Speculation ist, zu verwerfen, bloße Wortstreitigkeiten auf ihren wahren Werth zurückzuführen, Probleme fallen zu lassen, die keine Lösung zulassen, Mißtrauen zu hegen gegen Alles, was sich nicht klar ausdrücken läßt, die Theorie zum einfachen Ausdruck von Thatsachen zu machen und solche Bestrebungen in den Vordergrund zu drängen, welche am directesten zur menschlichen Glückseligkeit beitragen. Wenn Bacon zuerst die Regeln, durch welche die Wissenschaft gefördert wurde, entdeckte, so hat Locke am meisten darauf hingewirkt, daß die Menschen sie weit und breit beobachten; und so zu jener allgemeinen Verbreitung eines gesunden und vollkräftigen Verstandesgebrauchs hingeleitet, was an sich die erste aller Verbesserungen und zugleich das Mittel ist, durch welches alle andern Verbesserungen bewerkstelligt werden müssen. Wenn Locke wenig Entdeckungen gemacht hat, so hat Socrates gar keine gemacht; und doch haben beide für die Vervollkommnung der Verstandeskräfte mehr und für den Fortschritt der Wissenschaften nicht weniger gethan, als die Urheber der glänzendsten Entdeckungen. Mr. Locke wird immer als eine der größten Zierden der englischen Nation betrachtet werden und die spätesten Generationen werden auf ihn die Worte des Dichters anwenden:

O Decus Angliacae certe, O Lux altera gentis. Gray de Princ. cogitandi.

Ueber den Stil des „Versuchs" hat Stewart, einer der competentesten Richter Englands, bemerkt: „er gleicht mehr dem eines hochgebildeten Weltmannes, als dem eines Stubenhockers. Er ist reich an Ausdrücken der Umgangssprache, welche sein Ohr wahrscheinlich von denen aufnahm, die er für die Muster der guten Conversation hielt."

Wir können, indem wir hier von der Aufnahme und Beurtheilung sprechen, welche Locke's großes Werk gefunden hat, die Demonstration nicht unerwähnt lassen, welche gegen ihn und zwar wiederum von der Universität Oxford angezettelt wurde, und die das Ansehn einer förmlichen Verschwörung annahm. Die Hauptführer derselben beriefen nämlich ein Meeting, worin beschlossen wurde, daß ein Jeder in seinem Kreise, zunächst unter seinen Schülern und Hausgenossen, das Möglichste thun sollte, Locke's Buch in Mißcredit zu bringen und von der Lectüre desselben abzuschrecken. Dieser Beschluß ging durch, nachdem man von einem förmlichen Verbot des Buches Abstand genommen hatte, besonders auf die Vorstellung des Dr. Dunstan hin, daß die Schüler nur noch eifriger beflissen sein würden, Locke's Bücher zu kaufen und zu studiren, wenn sie eben verboten wären.

Ein anderer Angriff auf Locke's Lehre erfolgte von Seiten des Dr. Stillingfleet, Bischof von Worcestor, der einen Triumph am sichersten zu erringen hoffte, wenn er Schmähungen auf die Person des Verfassers häufte. Locke gönnte ihm denselben, indem er es verschmähte, sich gegen so niedrige Verunglimpfungen zu vertheidigen. Die Einwendungen des Geistlichen aber widerlegte er mit so großer Schlagfertigkeit, mit so überzeugender Gewalt, und deckte dabei die Unfähigkeit des Gegners, seine Lehre auch nur zu verstehen, mit so viel Schärfe und Witz auf, daß der würdige Prälat in Folge der Aufregung seinen Geist aufgab.

Nicht minder machten unserm Philosophen seine Freunde selbst zu schaffen, die allerhand Scrupel und Zweifel gegen ihn vorbrachten, und dadurch meist auch nur bewiesen, daß sie ihn bloß mißverstanden hatten.

Nicht anders, als es Locke bei seinen Lebzeiten mit seinen damaligen Freunden erging, ist es seinen Werken nach seinem Tode ergangen. Der aufrichtigste und am wenigsten dogmatische unter den Denkern ist trotz seiner einfachen Ausdrucksweise auf die mannigfachste Weise und nach den entgegengesetztesten Seiten hin mißdeutet und unrichtig dargestellt worden.

Lewes*) spricht hierüber in folgendem Worten seine Verwunderung aus: „daß man einen Spinoza, Hobbes oder Hume falsch auffassen konnte, ist leicht genug zu verstehen; die Leute gerathen in Furcht, und in ihrem Schrecken übertreiben und verzerren sie, was sie sehen. Daß sie Kant, Fichte oder Hegel mißverstehen, läßt sich auch begreifen; das Fernliegende, Ungewöhnliche ihrer Speculationen und die Schwierigkeit der Sprache bieten einen genügenden Entschuldigungsgrund dafür. Aber daß sie Locke mißverstehen, ist ganz und gar nicht zu entschuldigen. Er war weder überkühn in seinen Speculationen, noch dunkel in seinem Stil (a cloudy writer). Sein Fehler war, daß er sich offen und ehrlich aussprach. Er suchte die Wahrheit, er wünschte Niemanden durch mystisches Dunkel irre zu leiten (to mystify any one). Er suchte die Chemie des Gemüths, (wenn diese Metapher zulässig ist,) zu erörtern, indem er die vagen werthlosen Träume der Alchymie vernichtete. Alle diejenigen freilich, welche noch immer undurchdringliche Geheimnisse durchbringen möchten, und sich weigern anzuerkennen, daß es eine Grenze für die menschliche Einsicht giebt, behandeln Locke mit derselben stolzen Verachtung, wie die ehrgeizigen Alchymisten die ersten Chemiker behandelten. Der Ton, in welchem die meisten Franzosen und Deutschen der Neuzeit von Locke sprechen, ist peinlich; der Ton, in dem es viele Engländer thun, schimpflich. Einen Irrthum kenntlich zu machen, ist ehrenvoll; aber ihm Irrthümer vorzuwerfen, die in seinen Werken nicht zu finden sind, seine Sprache nach eigenen vorgefaßten Meinungen zu deuten, und ihn dann des Widerspruchs und der Oberflächlichkeit zu zeihen, wegwerfend (with superciliousness) von ihm zu reden, als ob er ein ganz achtbarer, aber ganz kurzsichtiger alter Herr wäre, der in der Philosophie nur hineinpfusche, und nicht wie von einem der größten Wohlthäter der Menschheit, — das verdient die strengste Zurechtweisung**).

Es giebt keine Entschuldigung für das Nichtverstehen Locke's. Ist seine Sprache auch bisweilen lose und schwankend, so läßt sich doch stets aus dem Zusammenhang klar seine Meinung herauslesen. Er hatte nicht die durchsichtige Klarheit eines Descartes oder Hobbes; aber stets ängstlich bemüht, sich verständlich zu machen, drückte er dasselbe auf verschiedene Weise aus und that seine Meinung in einer reichen Abwechselung von Formen dar. Man darf ihn nicht dem Buchstaben nach auffassen; nicht an eine vereinzelte Stelle darf man sich halten, sie müßte denn aus dem ganzen Gang seiner Untersuchung hervorspringen. Jeder freilich, der blos die Fingerspitzen eintaucht, (merely dipping into) wird in seinem Essay Stellen finden, die sich geradezu zu widersprechen scheinen; wer ihn aber sorgfältig durchliest, wird Alles klar und zusammenhängend finden.“

Das Nähere über diesen Gegenstand müssen wir unsern Lesern überlassen, in Lewes selbst nachzulesen, da es außer dem Bereich unserer Darstellung liegt. Ebenso die wackere Auseinandersetzung, mit der er unsern Philosophen gegen den fast Mode gewordenen Vorwurf „der Oberflächlichkeit“, „des Mangels an Originalität“ und „des Materialismus“ in Schutz nimmt. An die erste dieser Beschuldigungen anknüpfend ruft er aus:

„Indem sie Dunkelheit für Tiefe nehmen, klagen sie ihn an, oberflächlich zu sein. Die Eulen erklären: Der Adler ist blind! Sie vermissen das Zwielicht, er sonnt sich an dem Lächeln des Zeus.
They want the twilight, he
Wantons in the smile of Jove!
Sie spotten über seine „Seichtigkeit.“ So häufig sind ihre Spottreden und ihre leichtfertigen Beschuldigungen gegen ihn, daß ich, der ich ihn in meiner Jugend mit Lust gelesen hatte, zu argwöhnen anfing, meine Bewunderung möchte voreilig gewesen sein. Das Sprichwort sagt: „Wirf nur Schmutz genug darauf, etwas wird schon hängen bleiben.“ So war's mit Locke. Wiederholte Herabsetzung hatte das Bild von ihm in meinem Geiste etwas verwischt. Es kam jedoch die Zeit, wo ich zum Behuf dieser Geschichte den Essay noch einmal lesen mußte, sorgfältig und die Feder in der Hand.

---

*) Lewes History of Philosophy. S. 448.
**) Siehe hierüber auch Dr. Vaughan's kräftige Vertheidigung Locke's gegen seine Tadler in den Essays on History. Philosophy etc.

Das Bild Locke's ward wieder lebendig in mir, und diesmal in höherem, als in seinem frühern Glanze. Seine Bescheidenheit, Rechtschaffenheit, Wahrhaftigkeit und Geradheit hatte ich nie bezweifelt; aber nun prägte sich mir die Frische und die Originalität seines Innern, das Geistreiche seines an die Umgangssprache streifenden Stils, die ruhige Analyse, mit der er uns so weite Gebiete des Gedankens offen legt, und vor Allem die Mannhaftigkeit seines practischen Verstandes so tief ein, daß ich vollkommen davon überzeugt bin, die beste Antwort, welche man jenen Tadlern geben kann, ist, ihnen zuzurufen: „Leset ihn!"

Haben wir uns genöthigt gesehen, bei der Aufnahme und Beurtheilung, welche Locke's Hauptwerk bei seinen Zeitgenossen und den folgenden Generationen gefunden hat, länger zu verweilen, so können wir uns in Betreff seiner übrigen Werke desto kürzer fassen. Indem wir in Bezug auf den Inhalt und die Kritik derselben auf die philosophischen und literarhistorischen Werke verweisen, welche über Locke handeln,*) beschränken wir uns darauf, nur das Verzeichniß seiner Werke hier wiederzugeben, wie es von Lord King II. S. 47 aufgestellt wird.

Es erschienen:

1689. Erster Brief über die Toleranz (lateinisch).
1690. Derselbe Brief englisch, und ein zweiter über denselben Gegenstand;
ferner: „Der Versuch über den menschlichen Verstand"
und die Schrift „über Erziehung."
1691. Eine Abhandlung über das Münzwesen.
1692. Dritter Brief über die Toleranz.
1695. Eine zweite Abtheilung über das Münzwesen,
und eine andere „über die Vernunftmäßigkeit des Christenthums."
1696. Zwei Abtheilungen, enthaltend eine Rechtfertigung der letztgenannten Schrift, und zwei Briefe zur Vertheidigung der in dem Versuch über den menschlichen Verstand enthaltenen Principien gegen die Angriffe des Bischofs Worcester.

Noch können wir hinzufügen, daß sich in seinen sämmtlichen Werken (Vol. IX. S. 149) der Entwurf einer Verfassung für die Colonie von Carolina abgedruckt findet, deren Ausarbeitung Shaftesbury ihm übertragen hatte.

Schon ein Blick auf die Anzahl dieser Schriften und auf die Gegenstände, welche sie behandeln, giebt uns einen Einblick in die vielseitige und emsige Geschäftigkeit Locke's während seiner letzten Lebensjahre, und unsere Bewunderung wird noch gesteigert, wenn wir bedenken, daß sich sein körperlicher Zustand mit dem zunehmenden Alter immer mehr verschlimmerte. Dies war auch der Grund, weshalb er alle noch so glänzenden Anträge des Hofes zurückwies.

„In Folge meines Temperaments, schreibt er am 28. Januar 1697 an den Lord Kanzler Somers, das immer vor einer Menge fremder Gesichter zurückschreckte, sind meiner Bekannten immer weniger geworden und meine Unterhaltung zu eng und eingeschränkt, um mit Gewandtheit den Menschen in ihren verschiedenen Meinungen gerecht zu werden und ihnen ihre Geheimnisse zu entlocken. Es würde die größte Thorheit sein, wollte ich mich während der kurzen Spanne Zeit, die ich noch auf dieser Welt zu weilen habe, außer den Bereich meiner Freunde setzen, bloß um ein bischen reicher oder

---

*) Außer Hegel, Ritter, Reinhold, Hettner, Schlosser wollen wir hier noch erwähnen:
Thorschmidt: Freidenker-Bibliothek.
Vorländer: Moral-, Rechts-, und Staatslehre der Engländer und Franzosen. Marburg 1855.
Noack: Die englischen Deisten. Bern 1853.
Löchler: Die englischen Deisten; und die Specialwerke.
Schärer: John Locke. Leipzig 1860.
Lardner: On Locke's Essays.
Tagart: Locke's writings and philosophy historically considered.

in einer höheren Stellung zu sterben. Dessen Herz muß sehr am Mammon oder an der Ehre hängen, der in meinem Alter und schon kurz von Athem noch an irgend einem von beiden großen Gefallen finden könnte . . .."

Der König Wilhelm, welcher gleichfalls dem Asthma unterworfen war, soll einmal Locke gefragt haben, wie er bei seinen Leiden verfahre. Als dieser ihm erwiederte, nur die strengste Enthaltsamkeit könne Linderung verschaffen, erkannte zwar der König den Rath als einen sehr guten an, nahm aber wie so mancher andere Patient, seine Zuflucht nicht zu diesem unangenehmen Mittel. Sowie Locke das ihm vom König zugedachte Amt abgelehnt hatte, beschloß er nunmehr auch das, welches er bisher inne gehabt hatte, nämlich das eines Commissioner of appeals aufzugeben.

Ja selbst London hatte er sich genöthigt gesehen, von 1689, als seinem siebenundfünfzigsten Lebensjahre ab, anfangs nur während des Winters, dann gänzlich zu meiden, da die ungesunde Luft der Hauptstadt seiner Gesundheit zu nachtheilig war.

Auf dem Landsitz des Earl von Peterbourough, wohin er sich von Zeit zu Zeit begab, fand er stets die freundlichste Aufnahme. Aber seine Hauptzufluchtsstätte wurde Oates, der Landsitz der Familie Masham in der Nähe von Ongar in Essex.

Hier fand er sich vollkommen heimisch und in dem häuslichen Kreise Mashams einen Ersatz für die ihm fehlende Familie. Locke scheint nämlich, außer mit einem Vetter, für dessen Fortkommen in der großen Welt er durch Rath und That Sorge trug, in keiner weitern Familienverbindung gestanden zu haben Verheirathet war er nie. Ganz besonders blieb er dagegen mit der Lady Masham, einer Tochter seines Freundes Cudworth, bis an sein Ende durch das Band der Freundschaft auf's innigste verknüpft. Diese, eine ebenso verständige, als feingebildete Frau, verdiente auch eine solche Auszeichnung im vollsten Maße. So von der Hauptstadt getrennt, nahm der Greis doch noch immer den lebhaftesten Antheil an Allem, was in ihr vorging, und besonders an den Parlamentsverhandlungen. Durch seinen Vetter, der einen Sitz im Unterhause erlangt hatte, ließ er sich wöchentlich 3 Zeitungen zusenden und außerdem zuweilen über das Vorgefallene Bericht abstatten. In seinen eigenen Briefen an ihn wird er nicht müde, ihm Rathschläge zu ertheilen, wie er sie für einen Anfänger in der Staatscarriere für geeignet erachtet. Unter Anderm schreibt er:

„Ich rathe Dir, eine gewisse Zeit hindurch gar nicht vor dem Hause zu sprechen, eine wie günstige Gelegenheit Du auch zu haben meinest; wenn Du aber auch Deinen Mund geschlossen hältst, so zweifle ich nicht, Du wirst Deine Augen offen haben, um die Stimmung des Hauses wahrzunehmen, aufmerksam die Tactik der Parteien zu beobachten und sorgfältig auf die ersten und heimlichen Anfänge aller Vorgänge Acht zu geben, so wie auf ihren Endzweck, und wenn Gefahr darin liegt, versuchen, sie im Ei zu erdrücken. Du wirst sagen: Was kann ich erreichen, wenn ich nicht sprechen soll? Nun ich will zwar nicht, daß Du selbst sprichst, aber Du magst Deine Erleuchtung oder Deine Befürchtungen einem ehrbaren Sprecher mittheilen, damit er Gebrauch davon mache; hat es doch stets sehr tüchtige Parlamentsmitglieder gegeben, die, ohne jemals zu sprechen, schon durch ihren Scharfblick und Vorausicht dem Lande ebensogroße Dienste geleistet haben, wie irgend ein Anderer in jenen Mauern."

Während der letzten 4 Lebensjahre, in denen seine Körperschwäche immer mehr zunahm, verließ er seinen Wohnsitz nicht mehr. Wie sehr er aber auch von einer unheilbaren Krankheit zu leiden hatte, so bewahrte er sich seine Heiterkeit doch bis zum letzten Augenblick und ertrug sein Loos mit Ergebung. Stets nahm er den wärmsten Antheil an dem Wohlergehen seiner Freunde und fand wiederum in ihnen die aufrichtigsten Theilnehmer an seinem Geschick und die treusten Fürsorger für seine Person. Seine literarische Beschäftigung bestand damals in dem Studium der Paulinischen Briefe. Ein Commentar, den er dazu schrieb, ist in seinen nachgelassenen Werken veröffentlicht worden.

Im October 1704 steigerte sich das Unwohlsein des Greises in einer Besorgniß erregenden Weise. Als ihn am 27. dieses Monats Lady Masham nicht, wie gewöhnlich, in seinem Arbeitszimmer fand, begab sie sich an sein Bett. Er erklärte ihr, die Mattigkeit in seinen Gliedern sei so groß, daß er nicht aufstehen könne, und er erwarte nicht, daß er sich jemals wieder von seinem Lager würde erheben können. Mit Fassung setzte er hinzu, sein Lebenslauf gehe nun zu Ende und nach aller Wahrscheinlichkeit würde er diese Nacht nicht überleben, jedenfalls nicht den nächsten oder die zwei nächsten Tage. Nachdem er eine Erfrischung zu sich genommen, wünschte er allen denen, welche zugegen waren, das beste Wohlergehen für die Zeit, wo er nicht mehr unter ihnen weilen würde. Zu Lady Masham, welche bei ihm blieb, äußerte er, er sei Gott großen Dank schuldig, denn er habe ein glückliches Leben hinter sich; aber, meinte er, jetzt sähe er wohl ein, es wäre Alles eitel. Und nun ermahnte er sie, diese Welt bloß als eine Vorbereitung für einen bessern Zustand im Jen-seits anzusehen. Daß seine Freundin bei ihm wache, wollte er nicht dulden, indem er die Hoffnung aussprach, er würde wohl ein wenig schlafen können. Da er aber in der Nacht keinen Schlaf bekam, so nahm man ihn auf seinen Wunsch aus dem Bette und trug ihn in sein Arbeitszimmer, wo er einige Zeit in dem Lehnstuhl schlummerte. Als er wieder aufgewacht war, ließ er sich ankleiden und hörte der Lady Masham aufmerksam zu, wie sie ihm aus den Psalmen vorlas. Dann, als er sein Ende herannahen fühlte, bat er sie, innezuhalten und verschied wenige Minuten darauf ungefähr um 3 Uhr Nachmittags am 28 October 1704, in einem Alter von 73 Jahren.

Eine Charakterschilderung Locke's, welche von einer Freundin desselben, die ihm im Leben sehr nahe gestanden hat, verfaßt ist, mag, da sie nach Le Clerc's Zeugniß ein in allen Zügen getreues Bild von dem Wesen des Philosophen entwirft, hier eine Stelle finden.

Locke war, ihrer Darstellung zufolge, ein tiefer Philosoph und ein zu jedwedem wichtigen Geschäft geeigneter Mann. Er besaß große Kenntnisse in den schönen Künsten und ein feines, ein-nehmendes Wesen. Er wußte fast von Allem etwas, das nur irgend für die Menschheit von Nutzen ist, und übte über jeden Gegenstand, den er durchdacht hatte, eine vollkommene Herrschaft aus. Seine Ueberlegenheit offenbarte er durch nichts Anderes, als gerade dadurch, daß er auf seine großen geistigen Errungenschaften gar kein Gewicht zu legen schien. Und Niemand war entfernter davon, die Miene des Lehrmeisters anzunehmen, oder weniger absprechend (dogmatical), und wie fühlte er sich beleidigt, wenn Jemand mit seinen Meinungen nicht übereinstimmte. Es giebt jedoch eine gewisse Klasse von Disputanten, die, wenn sie zu wiederholten Malen widerlegt worden sind, immer auf denselben An-griffspunkt zurückkommen und nur denselben Beweisgrund wiederholen. Diese konnte er nicht aus-stehen, und er sprach oft mit Ungeduld von ihnen, war aber auch immer zuerst bereit, anzuerkennen, daß er zu vorschnell gewesen wäre. In den kleinsten Vorkommnissen des Lebens, wie in speculativen Meinungen ließ er sich gleich leicht durch Vernunftgründe überzeugen, mochte die Mittheilung kommen, von wem es auch sei. Er war der treueste Anhänger, ja ein Sklave der Wahrheit, die er unter keinen Umständen aufgab und die er um ihrer selbst willen liebte.

Er verstand es, sich zu den mittelmäßigen Geistern herabzulassen, und wenn er mit ihnen disputirte, legte er darum nicht weniger Gewicht auf ihre Beweisgründe, weil sie etwa schlecht aus-gedrückt waren. Er fand Vergnügen daran, sich mit allen Klassen von Leuten in eine Unterhaltung einzulassen und versuchte, aus ihren Aeußerungen Vortheil zu ziehen. Und dies war nicht bloß die Wirkung der guten Erziehung, welche er genossen hatte, sondern die Folge von seiner Ueberzeugung, daß es Niemanden gäbe, von dem man nicht etwas Nützliches lernen könnte. Und in der That hatte er hierdurch so Vieles in Bezug auf Künste und Handel in Erfahrung gebracht, daß es schien, als habe er aus diesen Gegenständen ein besonderes Studium gemacht, und jenes war in dem Grade der Fall, daß oft diejenigen, deren Beruf sie ausmachten, von seinen Mittheilungen profitirten und ihn nie umsonst um Rath fragten.

Mangel an Lebensart war ihm außerordentlich zuwider, besonders wenn er wahrnahm, daß derselbe nicht von Unkenntniß der Welt, sondern von Stolz, Anmaßung, Unnatur, brutaler Dumm-heit oder von ähnlichen Fehlern herstammte; im Uebrigen war er weit entfernt, irgend Jemand wegen feines unangenehmen Aeußern zu verachten. Die Höflichkeit betrachtete er nicht bloß als etwas Ange= nehmes und Herzgewinnendes, sondern als eine Christenpflicht, auf die man mehr halten sollte, als es gewöhnlich geschähe. Er pflegte mit Bezug hierauf eine Abhandlung der Gelehrten des Port Royal zu empfehlen „über die Mittel, den Frieden unter den Menschen zu erhalten", und seinen Beifall über die Predigten des Dr. Wichket kundzugeben, die darauf hinwiesen.

Seine Unterhaltung sagte einer jeden Gattung von Menschen gleich sehr zu, die Damen nicht ausgeschlossen. Niemand war bei den Leuten vom höchsten Rang beliebter, als er. Er war nichts weniger als austère, und, wenn die Unterhaltung wohlgebildeter Leute gewöhnlich leicht und weniger berechnet und abgemessen ist, so hatte sich Locke diese Talente, mochten sie ihm auch nicht von Natur eigen sein, doch durch den Umgang mit der Welt erworben, und was ihn um so angenehmer machte, war, daß diejenigen, welche mit ihm nicht bekannt waren, in einem so ganz dem Studium ergebenen Manne ein derartiges Wesen nicht zu finden hofften. Die, welche sich um Locke's Freundschaft be= warben, um, was man von einem hochbegabten Manne lernen konnte, sich anzueignen und ihm mit Ehrerbietung nahten, waren überrascht, an ihm nicht bloß den sichern Tact eines feingebildeten Mannes wahrzunehmen, sondern auch alle die Aufmerksamkeit zu finden, die sie nur erwarten konnten. Er ließ sich oft tadelnd gegen das Sticheln aus, das, wenn es nicht sehr geschickt gehandhabt würde, eine sehr gewagte Unterhaltungsweise wäre; und obgleich er selbst darin Meister war, so sagte er doch nie etwas Anstößiges oder Kränkendes. Er wußte Allem, was er sagte, eine gewisse Milde und eine gefällige Wendung zu geben. Wenn er sich gegen seine Freunde einen Scherz erlaubte, so war es immer über einen leichten Fehler oder über etwas, das zu wissen ihnen dienlich war. Bei dem hohen Grade von Höflichkeit, den er besaß, konnte man sich, wenn er zu scherzen begann, von vornherein darauf verlassen, daß er mit etwas Verbindlichem schließen würde.

Gegen die Armen war er sehr milthätig, vorausgesetzt, daß sie nicht zu der Klasse der Faulenzer gehörten oder zu der jener Leichtfertigen, die, statt die Kirche zu besuchen, die Sonntage lieber in einem Bierhause verbringen. — Vor allem Andern hatte er mit denen Erbarmen, die es sich in ihrer Jugend hatten sauer werden lassen und in hohem Alter in unverschuldete Armuth ge= sunken waren. Er sagte, es wäre nicht genug, sie bloß vor dem Verhungern zu bewahren, man sollte ihnen auch ein einigermaßen behagliches Leben verschaffen. Er suchte sich bei Gelegenheit zum Gutesthun; oft sprach er auf seinen Spaziergängen bei den Armen der Nachbarschaft ein und gab ihnen, was sie zur Linderung ihrer Noth brauchten, verschrieb ihnen auch wohl etwas, wenn sie krank waren und der ärztlichen Hülfe ermangelten, und fügte dem Recept das Geld für die Medicin bei.

Er konnte es nicht leiden, daß man irgend etwas vergeudete; denn dies hieße, wie er sich aus= drückte, den Schatz aufgeben, zu dessen Verwaltern uns Gott gemacht hätte.

Sein einziger Fehler war seine Neigung zur Leidenschaftlichkeit; aber durch Vernunft war er ihrer so weit Herr geworden, daß sie nur selten ihm selbst oder Andern nachtheilig wurde. Er be= schreibt oft das Lächerliche, was die Leidenschaftlichkeit hat, und gesteht, daß sie zu nichts nütze, weder in der Kindererziehung, noch wenn es gälte, Dienstboten in Ordnung zu halten; man verringere nur durch sie das Ansehen, welches man ohne sie bei diesen haben könnte. Gegen seine eigenen Diener war er gütig und zeigte ihnen mit Gelassenheit, wie er bedient sein wollte. Es war ihm nicht ge= nug, ein Geheimniß, das ihm anvertraut war, treu zu bewahren; er ließ auch selbst von einer Sache, die ihm nicht unter dem Siegel der Verschwiegenheit mitgetheilt war, nichts verlauten, sobald ihre Er= wähnung dem Betreffenden Nachtheil bringen konnte; sowie er denn überhaupt nie einen Freund durch unvorsichtige oder unbedachtsame Aeußerungen verletzte. Sein einmal gegebenes Wort hielt er auf's pünktlichste und sein Versprechen war ihm heilig. Er machte sich ein Gewissen daraus, denen eine Empfehlung zu geben, die er nicht kannte, und konnte es nicht über sich gewinnen, diejenigen zu loben, welche er des Lobes für unwürdig hielt. Sagte man ihm, daß seine Empfehlung nicht den gewünsch= ten Erfolg gehabt hätte, so erwiederte er, dies käme daher, daß er nie Jemanden täuschen wolle, in=

dem er mehr behaupte, als er wisse, und weil er nicht für mehr gut sage, als sich später erweisen möchte. Würde er anders handeln, so würde seine Empfehlung ohne alles Gewicht sein.

Sein größtes Vergnügen war, mit Leuten von Verstand zu plaudern, und solcher Leute Unterhaltung suchte er geflissentlich. Ihm fehlte keine jener Eigenschaften, die nöthig sind, um einen angenehmen und freundschaftlichen Umgang zu fesseln. Karten spielte er nur Andern zu Liebe, obgleich er es in Folge der häufigen Aufforderung, die er dazu gehabt hatte, gut verstand; er selbst brachte es nie in Vorschlag, denn es wäre, wie er meinte, nur ein Vergnügen für die, welche nicht die Gabe der Unterhaltung besäßen.

Er gab etwas auf sein Aeußeres, ohne es bis zum Auffallenden oder Affectirten zu treiben. Von Natur zur Thätigkeit geneigt, machte er sich, soweit es ihm seine Gesundheit verstattete, immer etwas zu thun. Nicht selten griff er zur Gartenarbeit, auf die er sich trefflich verstand, er liebte es, sich Bewegung im Freien zu machen. Da ihm aber sein Brustleiden nicht allzuweit zu gehen gestattete, so ritt er gewöhnlich nach Tisch aus; und als er die Erschütterung des Reitens nicht mehr vertragen konnte, pflegte er sich in einem Räderstuhl umherfahren zu lassen. Während dies geschah, hatte er immer gern Jemanden um sich, und wäre es auch nur ein Kind. Mit wohlerzogenen Kindern unterhielt er sich gern. Sein schwacher Gesundheitszustand war eine Bürde nur für ihn selbst, und verursachte Niemandem sonst irgend eine andere üble Empfindung, als die, ihn leiden zu sehen. In Bezug auf seine Diät wich er von Andern nur in sofern ab, als er mit seltenen Ausnahmen, blos Wasser trank, und dieser seiner Enthaltsamkeit schrieb er es zu, daß er sich trotz seiner schwachen Constitution sein Leben so lange erhalten habe. Derselben Ursache glaubte er auch seine guten Augen zu verdanken, die im höchsten Alter nur wenig geschwächt waren; denn er konnte bei Licht alle Arten von Büchern, wenn der Druck nur nicht gar zu klein war, lesen, ohne sich je dabei einer Brille zu bedienen. Neben seiner Engbrüstigkeit stellte sich an keinem seiner Organe eine Schwäche ein, nur daß er im vierten Jahre vor seinem Tode auf sechs Monate sehr schwerhörig war. Während dieser Zeit, in welcher er sich des Genusses der Unterhaltung beraubt sah, drückte er in einem Brief an seinen Freund nur seinen Zweifel darüber aus, ob nicht Blindheit der Taubheit vorzuziehen sei; im Uebrigen ertrug er sein Leiden mit großer Geduld."

Der aus diesem, wie Le Clerc versichert, keineswegs geschmeicheltem Bilde Locke's überall hervorleuchtende Grundzug seines Wesens — Bescheidenheit verbunden mit Wahrheitsliebe — spricht auch aus der Grabschrift, die er für sich selbst geschrieben hat und die später auf seinem Grabstein zu High Laver zu lesen war:

Siste, viator; juxta situs est J. Locke. Si qualis fuerit rogas, mediocritate sua contentum se vixisse respondet. Litteris innutritus, eousque tantum profecit, ut veritati unice studeret. Hoc ex scriptis illius disce, quae, quod de eo reliquum est, majori fide tibi exhibebunt, quam epitaphii suspecta elogia. Virtutes si quas habuit, minores sane quam quas sibi laudi, tibi in exemplum proponeret. Vitia una sepeliantur. Morum exemplum si quaeras, in Evangelio habes, (vitiorum utinam nusquam.) mortalitatis certe quod prosit hic et ubique.

Natum † † †

Mortuum † † †

Memorat hac tabula brevi et ipsa interitura.

Schulnachrichten

von Ostern 1861 bis Ostern 1862.

A. Lehrverfassung.

I. Realschule.

Prima.

Ordinarius: der Dirigent.

Religion: 2 Std. Christliche Glaubens- und Sittenlehre im Anschlusse an den Katechismus. Daneben wurden fortlaufend Abschnitte aus der bibl. Geschichte des A. und N. T., der Katechismus und wichtige Kirchenlieder wiederholt. Ordentl. Lehrer Dr. Tillich.

Deutsch: 3 Std. Im Anschlusse an die Lectüre aus dem „Handbuch der deutschen National-literatur von Viehoff. 1. und 2. Theil" literarhistorische Bemerkungen; Lectüre und Auswendig-lernen einiger Oden von Klopstock, welche zugleich sachlich und metrisch erläutert wurden; ferner wur-den gelesen: Schiller's Maria Stuart und einige kleinere Abhandlungen von Lessing und Schiller. Freie Vorträge. Definir- und Disponir-Uebungen; Erläuterung von Synonymen und geeigneten wissenschaftlichen Begriffen. Privatim lasen die Schüler auch einige classische Werke und statteten darüber mündlich Bericht ab. — Ueber folgende Themata wurden deutsche Aufsätze zur Correctur eingeliefert: 1) Tilly und Wallenstein (Parallele), 2) Welche Wirkungen hatten die Kreuzzüge auf die europäischen Nationen? 3) Der Mensch im Kampfe mit der Natur, 4) Der Zürcher See von Klopstock metrisch, sprachlich, sachlich und in Beziehung auf Composition und inneren Zusammenhang erläutert, 5) Zur Auswahl: a) Warum sind Kenntnisse höher zu schätzen, als Reichthum? b) Warum kann die Wüste mit dem Meere verglichen werden? c) Morgenstunde hat Gold im Munde, 6) Charakteristik des Ritterthums zur Zeit der Kreuzzüge, 7) Die Größe der Römer zur Zeit der Noth und Gefahr, 8) Wer hat mehr zum Nutzen des römischen Volkes gethan: Cicero oder Cäsar? 9) Ist es vortheil-haft, eine allgemeine Lebensregel zu seinem Wahlspruch zu machen? 10) Aus welchen Gründen stimmen in Schiller's Maria Stuart einige von den Räthen der Elisabeth für die Hinrichtung der Maria, an-dere dagegen? 11) Gustav Adolf ermuthigt sein Heer vor der Schlacht bei Lützen (Rede), 12) Mit des Geschickes Mächten ist kein ew'ger Bund zu flechten (Chrie), 13) Nach seinem Sinne leben ist gemein; der Edle strebt nach Ordnung und Gesetz, 14) Zur Auswahl: a) Die Natur ist Gottes Buch;

doch ohne Gottes Offenbarung mißlingt der Leseversuch, den anstellt menschliche Erfahrung (Rückert).
b) Warum ist das Eisen nützlicher, als das Gold? c) Weßhalb spricht man bei der Unterhaltung so
oft vom Wetter? 15) Welche Bedeutung haben Hoffnung und Erinnerung bei dem Menschen?
Der Dirigent.

Lateinisch: 4 Std. Lectüre: Livius, lib. III., c. 1—50. Privatlectüre: J. Cäsar, de Bell. civil.,
lib. I. u. a. Abschn. — Grammatik: Gebrauch der Tempora, die Consecutio Temporum, die Oratio
obliqua und die Lehre von den Modis mit Benutzung des Moießißßzig; daneben wurden geeignete Abschnitte aus dem „Uebungsbuche von F. Spieß, 4. Thl." schriftlich und mündlich übersetzt. Wöchentlich wurde ein Exercitium oder ein Extemporale zur Correctur eingeliefert. Ordentlicher Lehrer
Dr. Hartung.

Französisch: 4 Std. Lectüre: aus „La France littéraire par Burguy et Herrig" wurden
schwierigere historische Abschnitte, Abhandlungen, einige poetische Stücke und „Horace par Corneille"
gelesen; nebenbei wurden literarhistorische Bemerkungen gemacht. Referate über die Privatlectüre
classischer französischer Werke. Geeignete Abschnitte wurden memorirt und Referate über gelesene
Stücke auch zu französischen Vorträgen benutzt. Der Unterricht zuletzt meist in französischer Sprache
Grammatik: Repetition der wichtigsten Abschnitte nach Plötz und Erörterung schwieriger Punkte
der Grammatik überhaupt. Besprechung wichtiger Exercitien oder Extem-
poralien. — Ueber folgende Themata wurden französische Aufsätze zur Correctur eingeliefert: 1) Re-
marques sur l'Avare de Molière (nur von den älteren Schülern bearbeitet), 2) La législation de Ly-
curgue comparée à celle de Solon, 3) L'origine et les suites de la guerre du Péloponnèse, 4) La
description de la bataille de Salamine, 5) Abrégé de l'histoire de la première Croisade, 6) Charles-
Quint comparé à Dioclétien, 7) Exposition des faits principaux de la tragédie de „Marie Stuart par
Schiller", 8) L'origine de la guerre de Trente-Ans, 9) Exposé historique des événements principaux de la guerre de Sept-Ans, 10) Quelles sont les découvertes et les inventions les plus im-
portantes du quinzième siècle? 11) Est-il vrai que „Marie Stuart par Schiller" fasse voir l'incli-
nation du grand poëte pour la cruauté? 12) Gustave-Adolphe et son expédition en Allemagne,
13) Pourquoi Frédéric-Guillaume, électeur de Brandebourg, a-t-il mérité le surnom de grand? 14)
Les exploits de Charles XII., roi de Suède, 15) Exposition des causes qui ont amené la Réforme
de l'Eglise au seizième siècle, surtout en Allemagne. Der Dirigent.

Englisch: 3 Std. Lectüre: aus „The British Classical Authors by Herrig" wurden Abschnitte von Blair, d'Israeli, Clarendon, Gibbon, W. Scott, Bulwer, James und Lamb gelesen; zuletzt
Lectüre von „King Richard II. by Shakspeare". Privatim wurden besonders einige historische
englische Schriften gelesen. Im Anschlusse an die Lectüre literarhistorische Bemerkungen und Besprechung von Synonymen. Memoriren geeigneter Abschnitte. — Grammatik: Erörterung der
wichtigsten Capitel der Grammatik nach „Fölsing's Lehrbuch für den wissenschaftlichen Unterricht in
der englischen Sprache" und deren Einübung durch wöchentliche Exercitien und Extemporalien. Uebung
im mündlichen Gebrauch der englischen Sprache. — Ueber folgende Themata wurden englische Aufsätze zur Correctur eingeliefert: 1) Tell me whom you live with, and J will tell you who you are
(nur von den älteren Schülern bearbeitet), 2) a) On the choice of my future career (für die älteren
Schüler), b) Ancient England and the Romans (für die jüngeren Schüler), 3) Alfred the Great,
4) The causes of the wars between the Vendéens and the Republicans, 5) Taking of Rome by
the Gauls, 6) By what means did Charles I. of England promote Fine Arts and Litterature?
7) a) Milton's Life (für die älteren Schüler), b) Condition of Rome and Italy after the second
Punic war (für die jüngeren Schüler), 8) The plot of Shakspeare's king Lear, 9) Description of
a tournament, 10) Immediate causes of the Reformation. Dr. Hartung.

Geographie: 1 Std. Geographie der wichtigsten europäischen Staaten, namentlich mit Rücksicht auf die politischen Verhältnisse und den internationalen Verkehr. Geographische Repetitionen mit

Benutzung des „Lehrbuches der Geographie für höhere Unterrichtsanstalten von Daniel". Der Dirigent.

Geschichte: 2 Std. Beendigung der Geschichte des Mittelalters; Geschichte der neueren Zeit mit Benutzung der „Weltgeschichte in Umrissen von Dittmar". Die jüngeren Schüler benutzten bei ihrer Privatlectüre zur Repetition auch Werke über römische Geschichte. Der Dirigent.

Physik: 2 Std. Optik und Wärmelehre mit Benutzung der „Physik von A. Trappe". Lösung physikalischer Aufgaben. Ordentl. Lehrer Schneider I.

Chemie: 2 Std. Die Lehre von den Metallen mit Benutzung des „Lehrbuches der Chemie von Stammer". Vielfache Uebung in Lösung stöchiometrischer Aufgaben. Dr. Tillich.

Naturbeschreibung: 2 Std. Im Sommer: Mineralogie; im Winter: Zoologie (bis Weihnachten) und mathematische Geographie. Ordentl. Lehrer Schneider I.

Geometrie: 2 Std. Analytische Geometrie der Ebene und des Raumes; die Kegelschnitte. Lösung von Aufgaben. Ordentl. Lehrer Schneider I.

Arithmetik: 2 Std. Diophantische Gleichungen des ersten und zweiten Grades; numerische Gleichungen höheren Grades. Convergenz der Reihen; Methode der unbestimmten Coefficienten; Reihen für Potenzen, Logarithmen und Kreisfunctionen. Ordentl. Lehrer Schneider.

Rechnen: 1 Std. Aufgaben aus der Zinses-Zins-, der Renten-, Münz- und Wechselrechnung. Ordentl. Lehrer Schneider I.

Zeichnen: 3 Std. Reißzeichnen: geometrische und perspectivische Construction von Ebenen und Körpern, von Fußböden, Mustern u. s. w. Erklärung des verjüngten und vergrößerten Maßstabes. — Freihandzeichnen: a) nach der Natur: Porzellangeräthe, Vasen, Büsten, Thon- und Gypsmodelle wurden theils in Contour gezeichnet, theils mit schwarzer Kreide schattirt und dabei wichtige perspectivische Gesetze erläutert; b) nach Vorlagen: Gesichtstheile, Köpfe und Figuren nach Lassalle, Hermes, Julien; Landschaften, besonders nach Hubert, wurden copirt und mit schwarzer und weißer Kreide und schwarzer und brauner Tusche schattirt. Zeichenlehrer Schneider II.

Gesang: 3 Std. Die drei oberen Klassen bildeten einen Gesammtchor; in einer Stunde wurden die Sopranisten und Altisten, in der zweiten die Tenoristen und Bassisten und in der dritten Stunde wurden alle 4 Stimmen zum Chorgesange vereinigt. — Umkehrung von Accorden, die Septimen-Accorde. Einübung von Liedern aus dem „Sängerhaine von Erk," von Chorälen, Cantaten, Motetten, Psalmen und liturgischen Chören. Cantor Krüger.

Turnen. Im Sommer turnten alle Klassen 2 Mal wöchentlich auf dem Turnplatze, zu Anfang des Winters ein Mal auf einem Turnboden unter Leitung des Turnlehrers Beley.

Secunda.

Ordinarius: Ordentlicher Lehrer Dr. Hartung.

Religion: 2 Std. Das Leben Jesu nach den vier Evangelien; Wiederholung der Geschichte des A. Bundes nach Zahn, des Katechismus und wichtiger Kirchenlieder. Dr. Tillich.

Deutsch: 3 Std. Lectüre poetischer und prosaischer Lesestücke aus „Viehof's Handbuch der deutschen Nationalliteratur". Im Winter wurde „Hermann und Dorothea von Göthe" gelesen und erklärt. Im Anschlusse an die Lectüre das Wichtigste aus der Poetik und Metrik. Uebungen im Definiren und Disponiren Erklärung von Synonymen. Referate aus der Privatlectüre wurden zu freien Vorträgen benutzt. Bei der Rückgabe der Aufsätze kamen Satzbau und Interpunction in geeigneten Fällen zur Erörterung. — Ueber folgende Themata wurden Aufsätze zur Correctur eingeliefert: 1) Welche Aehnlichkeiten finden sich zwischen dem peloponnesischen und dem dreißigjährigen Kriege? 2) Was haben wir zu thun, um schon in der Jugend der Weichlichkeit zu begegnen? 3) Was für Gründe hatte Hannibal, den Krieg mit den Römern zu beginnen? 4) Uebersetzung aus Caes. de

Bello Gall., lib. V, c. 3 oder 5, 5) Historische Uebersicht der Perserkriege, 6) Freuden und Leiden der Jagd, 7) Ueber das Eigenthümliche der heißen Zone, 8) Wer ist größer in der Selbstüber=winnung: der römische Consul Fabius Maximus, oder der deutsche Kaiser Konrad? 9) Deodat de Gozon. Eine Charakteristik nach „Schiller's Kampf mit dem Drachen", 10) Was ist von dem Sprichwort: „Ein Deutscher hält sein Wort" zu halten? 11) Die Macht der Eumeniden. Nach Schiller's: „Die Kraniche des Jbycus", 12) Wie wird durch den Ackerbau die Cultur begründet und befördert? Mit Beziehung auf „Das Eleusische Fest von Schiller", 13) Wie soll man lesen? 14) Ueber den Charakter des Apothekers in „Göthe's Hermann und Dorothea", 15) Wie läßt es sich erklären, daß die Schlacht bei Cannä der Wendepunkt von Hannibal's Glück wurde? Con=rector Cammler.

Lateinisch: 5 Std. Lectüre: J. Caes., de Bello Gallico, libr. IV. u. V. und privatim: Mil=tiades, Hannibal, Hamilcar und Cato von Corn. Nepos. Grammatik: Casuslehre, Gebrauch der Tempora, die Consecutio Temporum, die Oratio obliqua und die Lehre von den Modis mit Benutzung der „Lat. Grammatik von Moiszisztig" und des „Uebungsbuches" von Spieß, 4. Thl." Wöchentlich ein Exercitium oder ein Extemporale zur Correctur eingeliefert. Dr. Hartung.

Französisch: 4 Std. Lectüre: aus den „Lectures choisies par Plötz" wurden die schwie=rigeren Abschnitte gelesen, damit Sprechübungen, wichtige literarhistorische und sprachliche Bemer=kungen verbunden; zum Schlusse wurde „Athalie par Racine" gelesen. Geeignete Abschnitte wurden memorirt. Jedes Mal in den Ferien lasen die Schüler auch leichtere Schriften privatim und gaben Rechenschaft darüber. Grammatik: Die Lehre vom Subjonctif auch mit anderen Sprachen ver=glichen; der Gebrauch der Zeiten und der Participes; die Lehre vom Artikel, von der Verbindung zweier Substantifs, von der Comparation, von der Negation, und von der Anwendung der Pronoms mit Benutzung der „Schulgrammatik von Plötz". Erörterung wichtiger Synonymes und Einübung aller Regeln durch wöchentliche Exercitien und Extemporalien. Der Dirigent.

Englisch: 3 Std. Lectüre: aus „The British Classical Authors by Herrig" wurden historische und oratorische Abschnitte von Lingard, Lamb, Fielding, Sterne, Smollet, James, Dickens und W. Scott gelesen. Memoriren von geeigneten Abschnitten. Grammatik: die unregelmäßigen Flexionen und die syntaktischen Verhältnisse des Artikels, der Substantiva, der Verba, der Adjectiva und der Pronomina nach dem „Vollständigen Lehrgange der englischen Sprache von Plate, Mittel=stufe" von Lect. 1 bis 48. Einübung der Regeln durch wöchentliche Exercitien und Extemporalien. Dr. Hartung.

Geographie: 1 Std. Asien, Afrika, Australien und von Europa: Deutschland, Frankreich, Spanien und Italien mit Benutzung des „Lehrbuches der Geographie für höhere Unterrichtsanstalten von Daniel". Dr. Hartung.

Geschichte: 2 Std. Geographie von Alt-Italien. Römische Geschichte bis zum Untergange des weström ischen Reiches mit Benutzung der „Weltgeschichte in Umrissen von Dittmar". Dr. Hartung.

Physik: 2 Std. Die allgemeinen Eigenschaften der Materie, Statik und Dynamik der festen Körper und Akustik mit Benutzung der „Physik von A. Trappe". Lösung von physikalischen Auf=gaben. Ordentl. Lehrer Schneider I.

Chemie: 2 Std. Die Metalloide, Leichtmetalle und von den Schwermetallen: Eisen, Kupfer und Blei mit Benutzung von „Stammer's Lehrbuch der Chemie". Vielfache Uebung in Lösung von leichteren stöchiometrischen Aufgaben. Dr. Tillich.

Naturbeschreibung: 2 Std. Im Sommer: Botanik; botanische Excursionen; im Winter: Mi=neralogie mit Benutzung von „Schilling's Naturgeschichte". Ordentl. Lehrer Schneider I.

Geometrie: 2 Std. Die ebene Trigonometrie mit Benutzung der „Ebenen und sphärischen Trigonometrie von L. Kambly". Vielfache Uebung in der Lösung von trigonometrischen Aufgaben. Ordentl. Lehrer Schneider I.

Arithmetik: 2 Stb. Theorie und Anwendung der Logarithmen; arithmetische und geome-trische Progressionen; Kettenbrüche; diophantische Gleichungen; benutzt wurde die „Arithmetik und Algebra von Kambly". Ordentl. Lehrer Schneiber I.

Rechnen: 1 Stb. Rabatt-, Zins-, Münz-, Zinses-Zins- und Renten-Rechnung. Ordentl. Lehrer Schneiber I.

Zeichnen: 2 Stb. a) Reißzeichnen: Grund- und Aufrißzeichnen derselben Modelle, welche im Freihandzeichnen perspectivisch gezeichnet wurden; zum Linearzeichnen wurden Muster, besonders aus Fischer's Sammlung, benutzt. b) Freihandzeichnen: Naturzeichnen nach Porzellangeräthen, Vasen, Ornamenten, Arabesken ꝛc. Schattirung der gezeichneten Modelle. Nach Vorlagen: Gesichtstheile, Hände, Füße und Köpfe in Contour und schattirt; Zeichnen von Landschaften, angewandten Orna-menten ꝛc. Zeichenlehrer Schneiber II.

Gesang:
Turnen: } vergl. Prima!

Tertia.

Ordinarius: Ordentlicher Lehrer Dr. Tillich.

Religion: 2 St. Im Sommer: die Bücher Samuelis und der Könige in den wichtigsten Capiteln gelesen; im Winter: das Evangelium Matthäi und die Apostelgeschichte gelesen und fünf Psalmen gelernt. 3 Kirchenlieder neu gelernt und 9 wiederholt. Wiederholung des Katechismus und einiger Kernsprüche. Dr. Tillich.

Deutsch: 3 Stb. Syntax mehr im Zusammenhange, wobei fortwährend Sätze bestimmt und zergliedert wurden. Aus dem dritten Theile von Hopf und Paulsiek wurden poetische und prosaische Abschnitte gelesen und erklärt. Auswendig gelernt wurden 7 Gedichte. Referate aus der Privatlectüre. Alle 14 Tage wurde ein Aufsatz zur Correctur eingeliefert. Dr. Tillich.

Lateinisch: 5 Stb. Grammatik: Syntax der Casus im Zusammenhange; Wiederholung und Erweiterung der Participial-Constructionen nach der „Lat. Grammatik von Moiszisszig" und Ein-übung dieser und gelegentlich anderer Regeln nach dem „Uebungsbuche von Spieß, 3. Th.", woraus 130 Stücke übersetzt wurden. Lectüre: aus dem Cornel. Nepos: Alcibiades, Thrasybulus, Agesi-laus, Eumenes, Phocion, Timoleon, de Regibus, Pausanias, Hamilcar, Atticus. Wöchentlich wurde ein Exercitium oder ein Extemporale zur Correctur eingeliefert. Dr. Tillich

Französisch: 4 Stb. Grammatik: Einübung aller Verbes irréguliers; Gebrauch von avoir und être; die Verbes pronominaux und impersonnels; die Lehre vom Substantif, Adjectif und Adverbe. Die Uebungsstücke aus der „Schulgrammatik von Plötz" wurden von Lect. 1 bis 35 mündlich und schriftlich eingeübt. Lectüre: aus den „Lectures choisies par Plötz" wurden übersetzt und einige Abschnitte memorirt: die Anekdoten, die wichtigsten historischen Abschnitte, 2 Gedichte und einzelne dramatische Scenen. — Wöchentlich wurde ein Exercitium oder Extemporale zur Correctur einge-liefert. Rector Fielitz.

Englisch: 4 Stb. Die wichtigsten Regeln über die Aussprache und ein Abriß der Elementar-grammatik wurde gegeben, wobei „Plate's Elementarstufe" vollständig absolvirt wurde. Aus dem Anhange desselben Buches und „Ebeners Lesebuche" wurden viele Abschnitte gelesen und übersetzt. Einübung aller Regeln durch Exercitien und Extemporalien. Dr. Hartung.

Geographie: 2 Stb. Physische und politische Geographie von Europa, wobei Deutschland, Preußen und Brandenburg hervorgehoben wurden; auch die territoriale Entwickelung von Preußen wurde berücksichtigt. Freies Anzeichnen der verschiedenen Länder. Benutzt wurde das „Lehrbuch der Geographie für höhere Unterrichtsanstalten von Daniel". Dr. Leibing.

Geschichte: 2 Stb. Im Sommer: deutsche Geschichte bis zu Karl V. mit Benutzung der

„Geschichtstabellen von Peter". Im Winter: brandenburgisch-preußische Geschichte mit Berücksichtigung der gleichzeitigen Verhältnisse Deutschland's, wobei der „Leitfaden für vaterl. Geschichte von L. Hahn" benutzt wurde. Dr. Leibing.

Physik: 2 Stb. Nach den „Grundzügen der Physik von Crüger" wurde ein populärer Abriß der gesammten Physik gegeben, wobei auch die Wettererscheinungen berücksichtigt wurden. In den ersten Monaten des Sommer-Semesters fanden Repetitionen in der Botanik und botanische Excursionen Statt. Subrector Bartsch.

Geometrie: 2 Stb. Verwandlung und Ausmessung geradliniger Figuren, Proportionalität gerader Linien, Aehnlichkeit geradliniger Figuren, Berechnung der Seiten und des Flächeninhaltes regulärer Polygone; Berechnung des Kreises nach „Kambly's Planimetrie". Lösung von planimetrischen Aufgaben. Ordentl. Lehrer Schneider I.

Arithmetik: 2 Stb. Rechnen mit absoluten Zahlen; von der Null; von den unendlichen Größen; von den Verhältnissen und Proportionen; Rechnen mit algebraischen Größen; Potenzirung und Radicirung; Ausziehen der Quadrat- und Kubikwurzel mit Benutzung der „Arithmetik und Algebra von Kambly". Ordentl. Lehrer Schneider I.

Rechnen: 2 Stb. Decimalbrüche; einfache und zusammengesetzte Regel-de-tri-Aufgaben; Kettensatz; Ausziehen von Quadrat- und Kubikwurzeln und Körperberechnungen, wobei das „Rechenbuch für Stadtschulen von A. Böhme 2. Th." benutzt wurde. Dr. Tillich.

Zeichnen: 2 Stb. a) Reißzeichnen: Linearzeichnen nach Fischer's Mustersammlung. b) Freihandzeichnen: perspectivisches Zeichnen von geradlinigen und krummlinigen Körpern und Schattirung derselben mit Blei, Kreide oder Tusche. Gesichtstheile, Köpfe, Thiere, Ornamente und Landschaften wurden nach Vorlagen mit Kreide, Blei oder Tusche gezeichnet und schattirt. Zeichenlehrer Schneider II.

Gesang: ⎫
Turnen: ⎭ vergl. Prima!

Quarta.

Ordinarius: Conrector Cammler.

Religion: 2 Stb. Im Sommer: die wichtigsten Capitel des Pentateuch wurden gelesen und erklärt und der Zusammenhang nach den „Biblischen Historien von Zahn" hergestellt. Im Winter wurde das Evangelium Matthäi gelesen und erklärt. Die drei ersten Hauptstücke wurden wiederholt und das 4. und 5. Hauptstück, 7 Kirchenlieder und 36 Sprüche gelernt. Dr. Tillich.

Deutsch: 3 Stb. In der Grammatik wurden die Satzverbindung, das Satzgefüge und die Arten der Nebensätze erörtert und eingeübt. Gelesen, erklärt und wieder erzählt wurden geeignete Abschnitte aus „Hopf und Paulsiek, 3. Thl." Memoriren von Gedichten. Alle 14 Tage ein Aufsatz. Conrector Cammler.

Latein: 6 Stb. Die unregelmäßige Formenlehre; die Construction des Accusativus cum Infinitivo, die Participial-Constructionen und das Wichtigste aus der Syntax der Casus. Eingeübt wurden diese und andere Regeln durch vielfache Uebersetzungen aus dem „Uebungsbuche von Spieß, 2. Th." Im Winter wurden daneben die ersten 21 Abschnitte aus dem „Kleinen Livius von M. Rothert, 1. Heft" gelesen. Jede Woche abwechselnd ein Exercitium oder ein Extemporale. Conrector Cammler.

Französisch: 5 Stb. Wiederholung und Befestigung der 4 regelmäßigen Conjugationen; Einübung der Verbes pronominaux, der Pronoms personnels, der Hauptregeln über die Participes passés und der gebräuchlichsten Verbes irréguliers, wobei das „Elementarbuch von Plötz" mit dem am Schlusse angehängten Lesebuche von Lection 60 ab absolvirt wurde. Kleine Gedichte und viele andere

Lesestücke wurden auch memorirt. Wöchentlich wurde ein Exercitium oder ein Extemporale zur Correctur eingeliefert. Rector Fielitz.

Geographie: 2 Std. In populärer Weise die wichtigsten Sätze aus der mathematischen Geographie, wobei namentlich das geographische Netz berücksichtigt wurde. Die außereuropäischen Erdtheile in topischer Beziehung; die politischen Verhältnisse wurden stets nebenbei berücksichtigt; durch vielfaches Anzeichnen an die Wandtafel wurden die verschiedenen Länder eingeprägt. Benutzt wurde der „Leitfaden für den geographischen Unterricht von Stahlberg, 2. Th." Dr. Leibing.

Geschichte: 2 Std. Im Sommer: Geschichte der Griechen bis zum Tode Alexander's des Großen; im Winter: Geschichte der Römer bis zur Kaiserzeit. Als Einleitung wurde die Geographie Alt-Griechenland's und Alt-Italien's gegeben. Conrector Cammler.

Naturbeschreibung: 2 Std. Im Sommer: Botanik, wobei Pflanzen als Repräsentanten der wichtigsten Familien beschrieben wurden; das Linné'sche und das natürliche System wurde nach den beschriebenen Pflanzen charakterisirt. Botanische Excursionen Im Winter: das Wichtigste aus der Mineralogie, wobei besonders die Metalle mit ihren Erzen und die Edelsteine berücksichtigt wurden. Theilweise wurde die „Kleine Schul-Naturgeschichte von S. Schilling" benutzt. Ordentl. Lehrer Schneider I.

Geometrie: 3 Std. Von den geraden Linien, den gradlinigen Winkeln, den Dreiecken, Vierecken, Parallelogrammen; vom Kreise, von dem Flächeninhalt, der Verwandlung, Theilung und Ausmessung gradliniger Figuren bis zum erweiterten Pythagoras nach der „Planimetrie von Kambly (von § 1—§ 120)". Lösung von leichten planimetrischen Aufgaben. Subrector Bartsch.

Rechnen: 3 Std. Regel-de-tri-Aufgaben, Zins-, Rabatt-, Termin-, Gesellschafts- und Mischungs-Rechnung; die Decimalbrüche. Benutzt wurde das „Rechenbuch für Stadtschulen, 1. Th. und die Decimalbrüche von A. Böhme". Subrector Bartsch

Schreiben: 2 Std. Schreiben nach Vorschriften von erweitertem Umfange; Kanzlei- und Fracturschrift; Uebungen im Takt- und Schnellschreiben. Zeichenlehrer Schneider II.

Zeichnen: 2 Std. Uebungen im Gebrauch des Reißzeuges: Zeichnen von regulären Vielecken, von Figuren, die aus dem Quadrate durch Theilung der Seiten construirt wurden und leichten Mustern aus „Fischer's Sammlung". Naturzeichnen: Vorderansichten gradliniger und krummliniger Körper. Nach Vorlagen wurden Vasen, Krüge, Blätter, Pflanzenformen, Früchte und Arabesken, wobei die „Wandtafeln von Eichens", „die Zeichenschule von Hermes" und „der Ornamentenzeichner von Domschke" benutzt wurden. Zeichenlehrer Schneider II.

Gesang: 2 Std. In einer Stunde: Accordenlehre in Dur und Moll; vielfache rhythmische und melodische Uebungen. Einüben von Chorälen und von zweistimmigen Liedern aus dem „Liederkranz von Erk, 2. Thl." In der anderen Stunde nahmen die Schüler, je nach ihren Stimmen, an dem Chorgesange der oberen Klassen Theil. Cantor Krüger.

Turnen: vergl. Prima!

Quinta.

Ordinarius: Schulamts-Candidat Dr. Leibing.

Religion: 3 Std. Biblische Geschichte des N. T. im Zusammenhange nach den „Biblischen Historien v. Zahn, Ausg. B." In einer Stunde wöchentlich wurde nach kurzer Erklärung des Sonntags-Evangeliums das Kirchenjahr erläutert. Die Geographie von Palästina wurde zur Orientirung stets berücksichtigt. Die beiden ersten Hauptstücke wiederholt, das dritte neu gelernt; 7 Kirchenlieder und 36 Sprüche gleichfalls gelernt. Cantor Krüger.

Deutsch: 4 Std. In der Grammatik wurde der einfach erweiterte Satz durchgenommen und die Kenntniß der Wörterklassen befestigt und erweitert. Einübung der Hauptregeln über Interpunction Aus dem „Deutschen Lesebuche von Hopf und Paulsiek, 2. Abth." wurden geeignete Abschnitte gelesen und erklärt. Memoriren von Gedichten. Wöchentlich wurde abwechselnd ein Dictat oder ein Aufsatz zur Correctur eingeliefert. Dr. Leibing.

Lateinisch: 6 Std. Wiederholung und Beendigung der regelmäßigen Formenlehre; Einübung der wichtigsten Unregelmäßigkeiten der Formenlehre von den Declinationen bis zu den Verbis defectivis. Einige syntaktische Regeln wurden gelegentlich gegeben. Aus dem „Uebungsbuche von Spieß, 1. Thl." wurden die Abschnitte von der 2.— 4. Conjugation und von den Verbis deponentibus, und aus dem 2. Theile von Seite 15 — 54 übersetzt. Wöchentlich wurde abwechselnd ein Exercitium oder ein Extemporale zur Correctur eingeliefert. Conrector Cammler.

Französisch: 5 Std. Leseübungen; Einübung von avoir, être und den vier regelmäßigen Conjugationen, der Declination, der Comparation, des Article partitif, der Fürwörter und der Zahlwörter nach dem „Elementarbuche von Plötz" von Lection 1 — 66. Memoriren von geeigneten Abschnitten. Wöchentlich wurde ein Exercitium oder Extemporale zur Correctur eingeliefert. Dr. Leibing.

Geographie: 2 Std. Die Staaten Europa's hauptsächlich in topischer, dann aber auch in politischer Beziehung, wobei Deutschland, Preußen und die Provinz Brandenburg hervorgehoben wurden, nach dem „Leitfaden für den geographischen Unterricht von W. Stahlberg, 2. Thl." Uebung im schnellen Aufzeichnen von Umrissen, Flüssen und Gebirgen. Dr. Leibing.

Geschichte: 2 Std. Erzählungen aus der griechischen, römischen und germanischen Sagen- und Heldenzeit. Dr. Leibing.

Naturbeschreibung: 2 Std. Im Sommer: in der Botanik wurden Pflanzenbeschreibungen von Repräsentanten der wichtigsten Familien gemacht. Botanische Excursionen; Anlegen eines Herbariums. Im Winter: in der Zoologie wurden die Wirbelthiere wiederholt und die wirbellosen Thiere, besonders die Insekten, neu durchgenommen. Benutzt wurde auch die „Kleine Schul-Naturgeschichte von Schilling". Subrector Bartsch.

Rechnen: 4 Std. Vollständiger Cursus der Bruchrechnung mit einfach und mehrfach benannten Zahlen, und Anwendung derselben bei Lösung von Regel=de=tri=Aufgaben, Zins=, Rabatt- und Gesellschafts-Rechnungen mit Benutzung des „Zweiten Uebungsbuches im Rechnen von A. Böhme". Zeichenlehrer Schneider II.

Schreiben: 2 Std. Fortgesetzte Uebung in lateinischer und deutscher Schrift nach Vorschriften und mit Benutzung der „Normal=Schreibe=Hefte von Nauen und Bornemann"; Uebungen im Takt- und Schönschreiben. Zeichenlehrer Schneider II.

Zeichnen: 2 Std. Zeichnen von geraden Linien in verschiedenen Lagen und deren Verbindung zu mannigfachen Figuren; Zeichnen nach den „Wandtafeln von Hermes" und nach Vorlagen aus der „Systematischen Zeichenschule von Hermes". Zeichenlehrer Schneider II.

Gesang: 2 Std. Der Gesang von Chorälen und Volksliedern nach dem „Liederkranz von Erk und Greef, 1. Thl." wurde fortgesetzt und erweitert. Einübung von zweistimmigen Liedern. Speciellere Erläuterung des Notensystems und der dabei am häufigsten vorkommenden Zeichen; die Dur-Leiter wurde vorzugsweise, im Allgemeinen auch die Moll-Leiter erläutert Cantor Krüger.

Turnen: vergl. Prima!

Sexta.
Ordinarius: Subrector Bartsch.

Religion: 3 Std. Biblische Geschichte des A. T. im Zusammenhange nach den „Biblischen Historien von Zahn, Ausg. B." Zu den christlichen Festen wurden die betreffenden Erzählungen aus dem N. T. durchgenommen. Gelernt wurden das zweite Hauptstück, 9 Kirchenlieder, 8 Gebete und 36 Sprüche. Cantor Krüger.

Deutsch: 5 Stv. Grammatik: der einfache Satz und seine Glieder; Kenntniß aller Rede-
theile; Einiges aus der Wortbildungslehre Aus dem „Deutschen Lesebuche von Hopf und Paulsiek,
1. Thl." wurden geeignete Abschnitte gelesen und erklärt. Memoriren von Gedichten und Liedern aus
dem Lesebuche und dem „Liederkranze von Erk und Greef, 1. Thl." Wöchentlich wurde abwechselnd
ein kleiner Aufsatz oder ein Dictat zur Correctur eingeliefert. Subrector **Bartsch.**

Lateinisch: 9 Stv. Die regelmäßige Flexion der Substantiva, Adjectiva, Pronomina, Verba
und Deponentia der 1. und 2. Conjugation wurde nach dem „Uebungsbuche von Spieß, 1. Thl."
von Cap. 1—22 abselvirt. Wöchentlich wurde ein Exercitium oder ein Extemporale zur Correctur
eingeliefert. Subrector **Bartsch**

Geographie: 2 Stv. Geographische Vorbegriffe; Uebersicht der Land- und Wassermassen auf
der Erde; Kenntniß von Afrika, Amerika, Asien und Australien in allgemeinen Umrissen nach dem
„Leitfaden für den geographischen Unterricht von Stahlberg, 1. Thl." Zeichenlehrer **Schneider II.**

Geschichte: 1 Stv. Als Ergänzung und zum weiteren Verständniß der biblischen Geschichte
des A. und N. T. wurden die wichtigsten Ereignisse des jüdischen Staates, die Geschichte der
Aegypter, der Assyrer, Babylonier, Phönicier, Syrer und Römer in einfacher Weise vorgeführt.
Im Sommer: Cantor **Krüger;** im Winter: Dr. **Leibing.**

Naturbeschreibung: 2 Stv. Im Sommer: in der Botanik wurden einzelne charakteristische
Pflanzen beschrieben, wobei die Theile derselben scharf unterschieden wurden. Im Winter wurden
in der Zoologie die Wirbelthiere, besonders unsere Hausthiere, sowohl Säugethiere als Vögel, soweit biographisch vorgeführt, als sie Repräsentanten von Ordnungen sind. Cantor **Krüger**

Rechnen: 5 Stv. Fortgesetzte und erweiterte Uebungen im Resolviren und Reduciren. Die
4 Species in benannten Zahlen und deren Anwendung auf leichte Regel-de-tri-Aufgaben. Ver-
übungen zur Bruchrechnung und vielfache Uebungen im Kopfrechnen mit Brüchen. Benutzt wurde
das „Zweite Uebungsbuch im Rechnen von A. Böhme". Lehrer **Höffler.**

Schreiben: 3 Stv. Einübung der großen und kleinen deutschen und lateinischen Buchstaben.
Uebungen im Taktschreiben. Benutzt wurden auch die „Normal-Schreibe-Hefte von Bornemann und
Rauen". Zeichenlehrer **Schneider II.**

Gesang: 2 Stv. Notenkenntniß und Uebungen im Notenlesen Bau der wichtigsten Dur-
und auch einiger Moll-Leitern. Einübung von Chorälen und einstimmigen Liedern aus dem „Liederkranz von Erk und Greef, 1. Thl." Cantor **Krüger.**

Turnen: vergl. Prima!

II. Vorschule.

Erste Elementarklasse.

Ordinarius: Lehrer **Höffler.**

Religion: 4 Stv. Im Sommer: 20 Erzählungen aus dem A. T.; im Winter: 21 Erzählungen aus dem N. T. Gelernt wurden: die 10 Gebote mit Erklärungen und der erste Artikel,
42 kleine Sprüche, 12 Gebete und 7 Kirchenlieder. Lehrer **Höffler.**

Lesen und Deutsch: 10 Stv. a) Lesen: im Sommer wurde sicheres, im Winter immer mehr
sinngemäßes Lesen erzielt: das Gelesene wurde in den meisten Fällen auch besprochen und wieder
erzählt. b) Grammatik: Kenntniß und Flexion der Substantiva, Adjectiva und Verba: Kenntniß
der meisten Präpositionen, einiger Pronomina und Conjunctionen; Kenntniß des Subjects und des

Prädikats im Satze. Vielfache orthographische Uebungen. Wöchentlich wurde ein Dictat zur Cor=
rectur eingeliefert. Aus dem „Schul=Lesebuche von Wetzel ꝛc., Vorstufe" wurden 11 Gedichte me=
morirt. Lehrer H ö f f l e r.

Sprechübungen: 2 Stb. Im Sommer: Besprechung von geeigneten Gegenständen aus der
Natur, welche zur Anschauung vorlagen. Im Winter: geographische Vorbegriffe, Aufzeichnen der
Stadt und Umgegend, Heimathskunde und die Provinz Brandenburg. Lehrer H ö f f l e r.

Rechnen: 4 Stb. Erweiterung des Zahlenkreises bis 1000 und 10,000; die 4 Species in
unbenannten Zahlen im Kopfe und schriftlich; Reduciren und Resolviren; die 4 Species in benannten
Zahlen; Lösung von vielfachen Aufgaben im Kopfe und schriftlich. Lehrer H ö f f l e r.

Schreiben: 4 Stb. Im Sommer: die kleinen und großen deutschen Buchstaben; im
Winter: die kleinen und großen lateinischen Buchstaben; Uebungen im Taktschreiben. Benutzt wurden
auch die „Normal=Schreibe=Hefte von Bornemann und Nauen". Lehrer H ö f f l e r.

Gesang: 2 Stb. Singen nach dem Gehör; Einübung leichter Lieder nach dem „Liederkranz
von Erk und Greef, 1. Thl." und leichter Choräle; nebenher vielfache Uebungen melodischer und
rhythmischer Art. Cantor K r ü g e r.

Zweite Elementarklasse.
Ordinarius: Lehrer Wollschläger.

Religion: 4 Stb. Im Sommer: 8 Erzählungen aus dem A. T.; im Winter: 8 Er=
zählungen aus dem N. T. Gelernt wurden: die 10 Gebote ohne Erklärungen, 36 kleine Sprüche,
12 kleine Gebete und 6 Kirchenlieder. Lehrer W o l l s c h l ä g e r.

Lesen und Deutsch: 10 Stb. Kenntniß der Laute, Lesen von Wörtern, Sätzen und zusammen=
hängenden Erzählungen aus der „Berlinischen Handfibel von O. Schulz". Die vorgerückteren
Schüler lasen im letzten Vierteljahre in dem „Schul=Lesebuche von Wetzel, Vorstufe". Uebungen im
Abschreiben aus der Handfibel. Im Winter wurde neben diesen Uebungen wöchentlich ein kleines
Dictat zur Correctur eingeliefert. Grammatik: Kenntniß der Substantiva, Verba und Adjectiva.
Lehrer W o l l s c h l ä g e r.

Sprechübungen: 2 Stb. Besprechung geeigneter Gegenstände, welche der unmittelbaren An=
schauung vorlagen, wozu auch die „Bilder für den Anschauungs=Unterricht von Winkelmann und
Söhne" benutzt wurden. Einübung von kleinen Gedichten. Lehrer W o l l s c h l ä g e r.

Rechnen: 4 Stb. Im Zahlenkreise von 1 bis 100 wurden alle 4 Species mündlich eingeübt;
nebenbei auch leichte schriftliche Uebungen. Als Resultat der gewonnenen Anschauungen wurde das
kleine Einmaleins eingeübt. Zeichenlehrer S c h n e i d e r II.

Schreiben: 4 Stb. Einübung der kleinen und großen deutschen Buchstaben. Benutzt wurden
die 4 ersten „Normal=Schreibe=Hefte von Nauen und Bornemann". Lehrer W o l l s c h l ä g e r.

Schulbücher,

welche in unsrer Anstalt benutzt werden:

Religion: Bibel, Gesangbuch und Katechismus werden in den meisten Klassen gebraucht; von VI. bis IV.: Biblische Historien von Zahn, Ausgabe B.; von der 2. Elmkl. bis IV.: Bibelsprüche von Schacht.

Deutsch: in der 2. Elmkl.: Berlinische Handfibel von Otto Schulz; in der 1. Elmkl. Schul-Lesebuch (Vorstufe) von F. Wetzel ꝛc.; in IV.: Deutsches Lesebuch von Hopf und Paulsiek, 1. Th.; in V.: 2. Th.; in IV.: 3. Th.; in III.: 3. Th; in II. und I.: Handbuch der der deutschen National-literatur von Viehoff, 1. und 2. Th.

Lateinisch: in VI. und zuerst auch in V.: Uebungsbuch von Spieß, 1. Th.; in V. und IV.: 2. Th.; in III.: 3. Th.; in II. und I.: 4. Th.; von IV. bis I.: Lateinische Grammatik von Mois-zisßzig, oder dafür in VI. und V.: dessen Lateinische Vorschule; in IV.: der kleine Livius von Rothert; in III.: Cornel. Nepos; in II.: Jul. Caesar; in I.: Livius, Ovid. Metam., Virgil.

Französisch: in V. und VI.: Elementarbuch von Plötz; in III. und II.: Lectures choisies von Plötz; die Schul-Grammatik von Plötz von III. bis I.; in I.: La France littéraire par Burguy et Herrig.

Englisch: in III.: Vollst. Lehrgang von Plate. Elementarstufe; in II.: dessen Mittelstufe: in I.: Lehrbuch für den wissensch. Unt. in der engl. Spr. von Fölsing; in II. und I.: The British Classical Authors by Herrig.

Geographie: in VI.: Leitfaden für den geogr. Unterricht von Stahlberg, 1. Th.; in V. und IV.: 2. Th.; von III. bis I.: Lehrbuch der Geographie für höh. Unterrichtsanstalten von Daniel; von VI. bis I.: Henry Lange's kleiner Schulatlas (26. Kart) oder der Atlas von Lichtenstern und Lange: von VI. bis I.: der historisch-geogr. Atlas von König.

Geschichte: in IV. und III.: Geschichtstabellen von C Peter; in III.: Leitfaden für vaterl. Geschichte von Ludw. Hahn; II und I.: Weltgeschichte von Heinrich Dittmar.

Physik: in III.: Grundzüge der Physik von Joh. Crüger; in II. und I: Physik von Trappe.

Chemie: in II. und I.: Lehrbuch der Chemie und chemischen Technologie von Stammer.

Naturbeschreibung: von V. bis I.: Naturgeschichte von Schilling.

Geometrie: in IV. und III.: Planimetrie von L. Kambly; in II.: dessen Trigonometrie; in II. und I.: dessen Stereometrie.

Arithmetik: in III. und II.: Arithmethik und Algebra von L. Kambly; in II. und I.: Logarithmentafeln.

Rechnen: 1. Elmkl.: Erstes Uebungsbuch im Rechnen von A. Böhme; in VI und V.: dessen zweites Uebungsbuch; in IV.: dessen Rechenbuch für Stadtschulen, 1. Th, mit Decimalbrüchen; in III.: dessen Rechenbuch für Stadtschulen, 2. Theil.

Schreiben: von der 2. Elmkl. bis V. die einzelnen Hefte (1—6 C.) der Normal-Schreibe-Hefte von Bornemann und Nauen.

Gesang: von 1. Elmkl. bis V.: Liederkranz von Erk und Greef, 1. Heft; von IV. bis I.: deren 2. Heft; von IV. bis I.: der Sängerhain von Erk.

Vertheilung der Lectionen unter die einzelnen Lehrer im vergangenen Schuljahre.

Lehrer.	Ordinariat.	Prima.	Secunda.	Tertia.	Quarta.	Quinta.	Sexta	1. Elementar-klasse	2. Elementar-klasse	Summa der Lehrstd.
1. Oberl. Dr. Schadt, Dirigent d. Realschule.	I.	3 Deutsch. 3 Französisch. 3 Geschichte u. Geographie.								14
2. Rector Fielitz.				4 Französisch.	5 Französisch.					9
3. Dr. Hartung, ordentlicher Lehrer.	II.	4 Lateinisch. 3 Englisch.	4 (5) Lateinisch. 3 Geschichte und Geographie.	4 Französisch.	5 Französisch.					21 (22)
4. Dr. Tillich, ordentlicher Lehrer.	III.	2 Religion. 2 Chemie.	2 Religion. 3 Deutsch. 2 Lateinisch. 2 Rechnen.	2 Religion.	2 Religion.					22
5. Schreiber I, ordentlicher Lehrer.		5 Mathematik. 2 Physik. 2 Naturbeschreib.	2 Geometrie. 2 Arithmetik.	3 Deutsch. 2 Lateinisch. 2 Rechnen.	2 Naturbeschreib.					24
6. Conrector Cammerer.	IV.		3 Deutsch.	6 Deutsch. 2 Lateinisch. 2 Geschichte.	6 Lateinisch.					20
7. Conrector Bartsch.	VI.		2 Physik.	3 Geometrie. 2 Rechnen.	2 Geometrie. 2 Rechnen.	2 Naturbeschreib. 9 Lateinisch.				24
8. Schuland-Cantidat Dr. Gelbing, wissensch. Hülfslehrer.	V.		2 Geschichte. 2 Geographie.	2 Geographie.	4 Deutsch. 5 Französisch. 2 Geographie. 2 Geschichte.	5 Deutsch. 2 Lateinisch. 1 Geschichte.				28
9. Cantor Krüger, technischer Lehrer.		2 Gesang.	1 Gesang.	1 Gesang.	2 Religion. 2 Gesang.	3 Religion. 2 Naturbeschr. 2 Gesang.				18
10. Zeichenlehrer Schreiber II, technischer Lehrer.		2 Zeichnen.	2 Gesang.	2 Schreiben. 2 Zeichnen.	4 Rechnen. 2 Schreiben. 2 Zeichnen.	2 Geographie. 2 Schreiben.	4 Rechnen.			27
11. Höfler, Elementarlehrer.	1. Elementar-klasse.	1 Zeichnen.	1 Zeichnen.			5 Rechnen.	4 Religion. 10 Lesen u. Deutsch. 4 Rechnen. 4 Schreiben.	4 Religion. 10 Lesen und Deutsch. 4 Sprachübung. 4 Schreiben.		29
12. Wollschläger, Elementarlehrer.	2. Elementar-klasse.									20
13. Voley, Turnlehrer.				Turnen 2 Mal monatlich für alle Klassen.						
		35	35	34	34	34	32	26	24	218

B. Statiſtiſches.

1) Am Ende des vorigen Winter = Semeſters, Oſtern 1861, waren überhaupt in der Anſtalt:
    a) in den Realklaſſen: 163 Schüler,
    b) in den Vorſchulklaſſen: 84 Schüler,

       in Summa: 247 Schüler,

    c) davon giengen am Schluſſe oder
       gleich nach dem Schluſſe des Semeſters ab: 21 Schüler,
    d) mithin blieben noch in der Anſtalt: . . 226 Schüler,
          aa) in den Realklaſſen: 143 Schüler,
          bb) in den Vorſchulklaſſen: 83 Schüler,

2) Beim Beginne des Sommer = Semeſters 1861 beſuchten die
              Anſtalt überhaupt: . . . 282 Schüler,
    a) davon waren in den Realklaſſen: .   199 Schüler,
    b) in den Vorſchulklaſſen: . . . . .   83 Schüler,
    c) mithin waren im Ganzen neu hinzugekommen: 56 Schüler;
    d) dieſe waren folgendermaßen vertheilt: in Prima 7, in Secunda 20, in Tertia 35,
      in Quarta 37, in Quinta 48, in Sexta 52, in der 1. Elementarklaſſe 52 und
      in der 2. Elementarklaſſe 31 Schüler.

3) Jetzt, gegen Ende des Winter = Semeſters (am 1. April 1862), beſuchen die Anſtalt
              überhaupt: 258 Schüler;
    a) davon ſind in den Realklaſſen: 174 Schüler,
    b) in den Vorſchulklaſſen: . . 84 Schüler;
    c) die Vertheilung dieſer Schüler auf die einzelnen Klaſſen iſt folgende:

in Prima:	7 Schüler;	darunter ſind	5 einheimiſche und	2 auswärtige Schüler,
in Secunda:	13 =	=	= 10	=	= 3	=	=
in Tertia:	28 =	=	= 19	=	= 9	=	=
in Quarta:	31 =	=	= 22	=	= 9	=	=
in Quinta:	48 =	=	= 36	=	= 12	=	=
in Sexta:	47 =	=	= 32	=	= 15	=	=
in d. 1. Elmkl.:	53 =	=	= 41	=	= 11	=	=
in d. 2. Elmkl.:	31 =	=	= 28	=	= 3	=	=

In Summa: 258 Schüler; darunter ſind 194 einheimiſche und 64 auswärtige Schüler.

C. Lehrapparat und Bibliothek.

1) An Geſchenken ſind eingegangen:
    a) von der Königlichen Regierung eine große Anzahl von Programmen;
    b) von dem praktiſchen Arzte Herrn Dr. Hartung bei ſeinem Abzuge von hier eine An-
      zahl ausgeſtopfter Vögel, nämlich: 1 Eisvogel, 2 Waſſeramſeln, 1 Fiſchreiher,
      1 Kuckuk, 1 Goldfaſan, 2 Habichte, 2 Taucher, 1 Eichkatze und 1 weißes Wieſel;
    c) von dem Königl. Oberförſter Herrn Reinecken: 1 Rehſchädel mit gut erhaltener Krone;

d) von dem Buchhändler Herrn Stein zu Potsdam aus eigenem Verlage für die Lehrer-Bibliothek: 1 Ex. Benecke, franz. Grammatik, 1 Hamann u. Lindemann, einstimmige Lieder, 1 Kienholz und Lintemann, Liederhain mit Anhang, 1 Knochenhauer, Weltgeschichte, 1. u. 2 Th., 1 Schlesicke, Arithmetik, 1 Spieker, Arithmetik und 1 Spieker, Geometrie;

e) von dem Buchbindermeister Herrn W. Herrmann ein in Goldschnitt sauber eingebundenes Exemplar des Berliner Gesangbuches für die Morgenandachten im Schulsaale;

f) von dem Primaner Emil Voigt eine Anzahl kleiner Conchylien;

g) von dem Quintaner Feodor Steinbach eine Blindschleiche in Spiritus.

Für diese zum Theil werthvollen Gaben sagen wir hiermit öffentlich unseren ehrerbietigen und herzlichen Dank.

2) Angeschafft wurden theils aus dem Etat für laufende Lehrmittel, theils aus Extra-Bewilligungen der Wohllöblichen Städtischen Behörden:

a) für die Lehrer-Bibliothek, nachdem dafür mit dem laufenden Etat 100 Thaler bewilligt worden waren: 2 Bde. Schmidt, Encyklopädie des gesammten Erziehungs- und Unterrichtswesens, 2 Bde. Döderlein, Reden und Abhandlungen, 1 Bd. Günther, Handbuch für den deutschen Unterricht, einige Hefte (Fortsetz.) des Handwörterbuches der Chemie von Liebig ꝛc., 1 Bd. Rönnefahrt, Göthe und Schiller, 1 Bd. Bauer, Grundzüge der neuhochdeutschen Grammatik, 1 Bd. Schleicher, die deutsche Sprache, 1 Bd. Grube, pädagogische Studien, 1 Bd. Roßmäßler, der naturwissenschaftliche Unterricht, das Centralblatt, Jahrgang 1861, 2 Bde. Giebel, Naturgeschichte, 6 Bde. Ranke, deutsche Geschichte im Zeitalter der Reformation, 3 Bde. Biehof, Erläuterung von Schiller's Gedichten, 4 Bde. Reynault, Chemie, 1 Bd. Rammelsberg, Anfangsgründe der Chemie, 1 Bd. Wagner, Technologie, 4 Bde. Koch, das Kirchenlied, 2 Bde. Calwer Verlag, Christl. Glaubenslehre. 1 Bd. Niffen, Unterredungen über Luther's Katechismus, 1 Bd. Roßmäßler, das Wasser, 3 Bde. Ranke, Englische Geschichte, 5 Bde. Ranke, Französische Geschichte, 4 Bde. Raumer, Geschichte der Pädagogik, 2 Bde. Curtius, Griechische Geschichte, 2 Bde. Schömann, Griechische Alterthümer, 1 Bd. Wattenbach, Deutschland's Geschichtsquellen;

b) für die Schüler-Bibliothek wurden ungefähr 60 Thaler verausgabt und dafür weitere werthvolle Werke für die Jugend angeschafft;

c) für Vermehrung des physikalischen Apparates wurden abermals ungefähr 200 Thaler ausgegeben und dafür Instrumente zum Unterrichte in der Optik und Wärmelehre angeschafft;

d) zur Vermehrung für den Zeichenapparat wurden extra 35 Thaler bewilligt, wofür Gypsmodelle, Holzkörper, Vorlagen u. s. w. angeschafft wurden;

e) zur Anschaffung von historisch-geographischen Karten wurden gleichfalls 32 Thaler extra bewilligt.

Den Wohllöblichen Städtischen Behörden sagen wir für diese abermalige Munificenz unsern gehorsamsten und verbindlichsten Dank.

D. Chronik.

Nachdem der unterzeichnete Dirigent von Einem Wohllöblichen Magistrate zum Colloquium pro rectoratu präsentirt und von Sr. Excellenz, dem Herrn Minister der geistlichen, Unterrichts- und Medicinal-Angelegenheiten, über seine Zulassung zu demselben verfügt worden war, hat er im vergangenen Schuljahre diese Prüfung vor der Königlichen Wissenschaftlichen Prüfungs-Commission zu Berlin nicht nur befriedigend bestanden, sondern auch anderweitige Wünsche dabei realisirt und somit den pädagogischen und wissenschaftlichen Anforderungen entsprochen, welche der Staat an den Director einer Realschule erster Ordnung stellt. Wenn nun die weitere Constituirung und Anerkennung unsrer Anstalt auch vorläufig durch Umstände, die außerhalb der Schule liegen, verzögert ist, so sehen wir doch, in Rücksicht auf die eifrigen Bestrebungen des Lehrer-Collegii und die bereits erzielten Leistungen in der Schule, noch ohne große Besorgniß der Zukunft entgegen, indem wir hoffen, daß es uns in dem nun kommenden Schuljahre gelingen werde, unsere Anstalt an das gewünschte Ziel zu führen.

Die Wohllöblichen Städtischen Behörden haben auch in diesem Schuljahre durch einen saubern eichenfarbenen Anstrich aller Thüren, Fenster, Schränke und vieler Subsellien unserem Schulhause immer mehr schon äußerlich das Ansehen einer höheren Lehranstalt gegeben, wofür wir unsern ergebensten Dank hiermit öffentlich auszusprechen uns verpflichtet fühlen.

Nachdem im vorigen Jahre zum Sommer-Turnen der Turnplatz geschmackvoll eingerichtet und die Turngeräthe vervollständigt worden waren, wurde auch zum Winter-Turnen der Boden eines Schulhauses eingerichtet; doch da sich die letztere Einrichtung nicht bewährt hat, so wird zum nächsten Winter-Turnen auf Einrichtung eines andern Raumes Bedacht genommen werden.

Eine andere wohlthätige Einrichtung für fleißige und weniger bemittelte Schüler hat das Lehrer-Collegium dadurch getroffen, daß es die bisherigen und ferneren Ersparnisse von Beiträgen zur Tintenkasse zum Ankaufe von Schulbüchern bestimmte, die dann leihweise geeigneten Schülern übergeben wurden.

Wie in vielen Gauen des Vaterlandes, so zeigte sich auch in unserer Anstalt im vergangenen Schuljahre eine warme Theilnahme für die Vergrößerung der preußischen Flotte; die zu diesem Zwecke unter Lehrern und Schülern veranstaltete Sammlung betrug 35 Thlr. und wurde von dem Referenten an das Königliche Marine-Ministerium befördert, worüber Hochdasselbe dankend quittirt hat.

Was die einzelnen denkwürdigen Tage anbelangt, so ist darüber zu bemerken, daß das vergangene Schuljahr am 10. April 1861 mit der Einführung des Dr. Leibing, Candidaten des höheren Schulamtes und des Lehrers Wollschläger seinen Anfang nahm. Dem Dr. Leibing wurde das Ordinariat der Quinta und dem Lehrer Wollschläger das der zweiten Elementarklasse übertragen, in welchen Stellungen beide Collegen mit jugendlicher Frische ihre Thätigkeit bei uns begonnen haben.

Am 13. und 14. Juni hatte unsere Anstalt die Ehre, von dem Herrn Consistorial-Rath Striez revidirt zu werden. Nachdem der Herr Consistorial-Rath dem Unterricht in allen Klassen beigewohnt, in Prima und Secunda die Schüler auch selber geprüft und die Hefte derselben nach den Schulstunden zur näheren Kenntnißnahme eingefordert hatte, theilte der hochwürdige Vorgesetzte uns seine Wahrnehmungen in einer längeren Conferenz mit. Voran stellte er den Ausdruck beifälliger Anerkennung über das bereits Erreichte; zum Schlusse sprach er sich in ebenso wohlwollender als eindringlicher Weise über einzelne Fächer und deren Behandlung aus.

Am 1. August, dem ersten Schultage nach den Sommerferien, versammelte sich die Anstalt im Schulsaale, und hielt der Dirigent bei der Morgenandacht ein Dankgebet für die glückliche Errettung Sr. Majestät des Königs, nachdem Allerhöchstderselbe in Baden-Baden in großer Gefahr von Gott gnädiglich beschützt worden war.

Am 18. October als am Krönungsfeste Sr. Majestät des Königs fiel der Unterricht in allen Klassen aus. Nachdem der Dr. Leibing die Festrede gehalten hatte, nahm die Anstalt an dem Gottesdienste Theil.

Da vor zwei Jahren, bei der hundertjährigen Geburtstagsfeier Schiller's, hier eine Schiller-stiftung ins Leben trat, welche mit den Zinsen eines kleinen Kapitals unsere Anstalt soweit bedachte, daß einem Realschüler Schiller's Werke alle zwei Jahre als Prämie eingehändigt werden sollten, so ist dieselbe dies Mal dem Primaner Paul Tesmer von uns zuerkannt worden. Daher versammelten sich am 10. November Lehrer und Schüler zu einer Schillerfeier, wobei der unterzeichnete Dirigent die Festrede hielt, und der Gesanglehrer einige Schillerlieder singen ließ.

Am 22. März, dem Geburtsfeste Sr. Majestät des Königs, fiel der Unterricht in allen Klassen aus. Die Anstalt versammelte sich zuerst im Schulsaale und nahm, nachdem der Dirigent ein Gebet gesprochen und der Gesanglehrer geeignete Gesangstücke hatte vortragen lassen, darauf an dem Gottesdienste in hiesiger St. Marien-Kirche Theil.

In dem Lehrer-Collegio sind während des vergangenen Schuljahres keine Veränderungen eingetreten; allein einen Collegen haben wir längere Zeit vertreten müssen. Als nämlich im vorigen Sommer der Cantor Krüger auf einer Ferienreise das Unglück gehabt hatte, sich bei einem Falle den Fuß zu brechen, wurde er seiner amtlichen Thätigkeit länger als 3 Monate entzogen. Zur Vertretung des Gesangs-Unterrichtes in den oberen Klassen zeigte sich aus alter Anhänglichkeit für uns Hr. Organist Barth bereit, wofür wir ihm hiermit herzlich danken. Die anderen Lehrstunden wurden durch Collegen aus unserer Mitte vertreten. Gegen Ende Novembers war der College Krüger soweit wieder hergestellt, daß er mit gewohntem Eifer seine früheren Lectionen wieder aufnehmen konnte.

Die Mitglieder des Lehrer-Collegii, welche auch im neuen Schuljahre bei uns thätig sein werden, weist die Tabelle auf Seite 41 nach.

Das Schuljahr wird Dienstag, den 15. April, mit Vertheilung der Censuren und Bekanntmachung der Versetzung geschlossen werden

---

E. Oeffentliche Prüfung.

Montag, den 14. April 1862,
Vormittags von 8 Uhr an.

Choral: In allen meinen Thaten.

Tertia: Religion, Dr. Tillich;
Geographie, Dr. Leibing.

Quarta: Geschichte, Conrector Cammler;
Mathematik, Subrector Bartsch.

Secunda: Latein, Dr. Hartung;
Mathematik, Ordentl. Lehrer Schneider I.

Chorgesang der oberen Klassen, Cantor Krüger:
1) Borussia von Spontini,
2) Der Mai ist gekommen,
3) Der König sei mein erstes Lied,
4) Freude, schöner Götterfunken.

Prima: Deutsch, Dr. Schacht.

Physik, Ordentl. Lehrer Schneider I.

Englisch, Dr. Hartung.

Französischer Vortrag des Primaners Besele.

Chorgesang, Cantor Krüger: Hymne: Vor Dir, o Ewiger

Nachmittags von 2¼ Uhr an

Zweite Elementarklasse: Religion, Lehrer Wollschläger:

Sprechübung, Lehrer Wollschläger.

Erste Elementarklasse: Deutsch, Lehrer Höffler.

Sexta: Geographie, Zeichenlehrer Schneider II.;

Latein, Subrector Bartsch;

Gesang, Cantor Krüger:

1) Wie reizend, wie wonnig,
2) Lobt froh den Herrn.

Quinta: Französisch, Dr. Leibing;

Rechnen, Zeichenlehrer Schneider II.;

Gesang, Cantor Krüger:

1) Erhebt euch von der Erde,
2) Mit hunderttausend Stimmen,
3) O, wie lustig läßt's sich jetzt marschiren.

Declamationen von einzelnen Schülern werden in den meisten Klassen stattfinden.

Chorgesang, Cantor Krüger:

1) Die Thale dampfen,
2) Ein Lied in Ehren.

Schluß-Choral: Nun danket Alle Gott.

Das Sommer-Semester des neuen Schuljahres wird Dienstag, den 29. April, Morgens 8 Uhr beginnen. Zur Prüfung neu eintretender Schüler wird der unterzeichnete Dirigent am Freitage u. Sonnabende, dem 25. u. 26. April, während der Vormittagsstunden im Realschulhause bereit sein.

Schacht.